Jürgen Bona Meyer

Der Kampf um die Schule

Historischpädagogische Erörterungen über die Fragen: Staatsschule oder Kirchenschule? Religionsunterricht und Staatsschule?

Jürgen Bona Meyer

Der Kampf um die Schule
Historischpädagogische Erörterungen über die Fragen: Staatsschule oder Kirchenschule? Religionsunterricht und Staatsschule?

ISBN/EAN: 9783743443518

Hergestellt in Europa, USA, Kanada, Australien, Japan

Cover: Foto ©Thomas Meinert / pixelio.de

Manufactured and distributed by brebook publishing software (www.brebook.com)

Jürgen Bona Meyer

Der Kampf um die Schule

Der Kampf um die Schule.

Historisch-pädagogische Erörterungen

über die Fragen:

Staatsschule oder Kirchenschule?
Religionsunterricht und Staatsschule?

von

Jürgen Bona Meyer,
Professor an der Universität Bonn.

Bonn,
Verlag von Emil Strauß.
1882.

Im Verlage von **Emil Strauß** in Bonn erschienen:

Schriften des liberalen Schulvereins Rheinlands und Westfalens.

No. 1. Die Entwickelung des Simultanschulwesens in der Stadt Crefeld dargestellt von L. F. Seyffardt in Crefeld. 8º. broch. Preis ℳ 1.20.

No. 2. Die Behandlung der Schule auf den letzten Provinzial-Synoden Rheinlands und Westfalens dargestellt von Jürgen Bona Meyer, Professor in Bonn. 8º. broch. Preis ℳ 1.60.

No. 3. Die Volksschule (confessionell oder confessionslos) und die Schulinspektion von H. Auler, Pfarrer in Montjoie. 8º. broch. Preis ℳ —.80.

Der

Kampf um die Schule.

Historisch-pädagogische Erörterungen

über die Fragen:

Staatsschule oder Kirchenschule?
Religionsunterricht und Staatsschule?

von

Jürgen Bona Meyer,
Professor an der Universität Bonn.

Bonn,
Verlag von Emil Strauß.
1882.

Vorbemerkung.

Die Grundlage zu dieser Schrift bilden zwei im Jahre 1872 in Bonn gehaltene Vorträge, die schon damals für die Mitglieder des hiesigen Bildungsvereins gedruckt, eine begrenzte Verbreitung gefunden haben. Einzelne Hefte, die über Bonn hinaus kamen, führten schon damals mehrfach zur Aufforderung einer weiteren Verbreitung. Dieselbe schien mir überflüssig zur Zeit, als die preußische Regierung mit voller Kraft die Unterrichtsleitung in der gewünschten Richtung fortführte. Jetzt, wo es mindestens zweifelhaft scheint, in wie weit dies der Fall bleiben soll, wo die Frage nach dem sogenannten historischen Rechte der Kirche auf die Schule wieder eine praktisch brennendere werden zu sollen scheint, dürfte die allgemeinere Verbreitung einer darauf gerichteten historischen und prinzipiellen Erörterung, wie sie diese Schrift bietet, weniger überflüssig sein. Daher habe ich mich jetzt zur weiteren Verbreitung derselben entschlossen. Die Schrift hat mehrere zeitgemäße Erweiterungen erfahren, namentlich rücksichtlich der Schulentwickelung in Preußen. Wer für die im Wesentlichen grundsätzliche Betrachtung der wichtigen Zeitfrage eine noch ausführlichere Rechtfertigung aus den Erfahrungs-Thatsachen zu haben wünscht, den darf ich wohl auf das in meinem Buche: „Religionsbekenntniß und Schule. Eine geschichtliche Darstellung und Kritik. Berlin. Enslin 1867" Dargebotene verweisen, sowie auf die jüngst in den „Deutschen Zeit- und Streitfragen" Bd. VIII, Hft. 127/128 erschienene Schrift „Die Simultan-Schulfrage" und auf die Schrift Nr. 3 des liberalen Schulvereins Rheinlands und Westfalens, betitelt: „Die Behandlung der Schule auf den letzten Provinzial-Synoden Rheinlands und Westfalens" 1881.

Bonn, den 12. März 1882.

J. M.

I.

Wer in unserer religiös bewegten Zeit das Wort nimmt über das Verhältniß von Religion und Erziehung, übernimmt damit keine geringe Verantwortung. Leicht kann sein Wort verletzen, schwerlich kann es Allen gefallen. Doch nicht darum hat man zu sorgen, wenn es gilt, in einem ernsten Meinungskampfe die Wahrheit zu suchen und der Wahrheit die Ehre zu geben. Die Verantwortung liegt vielmehr darin, daß es bei einer so ernsten Zeitfrage gleich schwer ist, genügende Sachkenntniß zu gewinnen und ruhiges Urtheil zu bewahren.

Als in den letzten Jahren unsere religiösen Zwistigkeiten lebhafter entbrannten, standen anfangs gar Manche kopfschüttelnd zur Seite, sich darüber verwundernd, daß in unserm aufgeklärten Jahrhunderte Kirchengezänk noch so viel Aufmerksamkeit erregen könne. Manche wollten in diesen Erregungen nur die letzten Krämpfe einer abtretenden Glaubenszeit erkennen, denen von selbst gar bald das naturgemäße Lebensende folgen müsse. Mit einem gewissen Hochmuth stellten sich die dermaligen Freidenker der religiösen Zeitbewegung gegenüber in der Meinung, diese Bewegung werde sich gar bald im Sande religiöser Gleichgültigkeit verlaufen. Von dieser Täuschung sind nunmehr wohl die Meisten geheilt.

Die maßlose Steigerung geistlicher Ansprüche, die rücksichtslose Entschiedenheit der Vertreter dieser Ansprüche hat es immer unmöglicher gemacht, gleichgültig zur Seite zu treten und an dem Pfaffengezänk als an einer vorzeitlichen Curiosität sich zu erlustigen. Spott und Hohn bleiben zurück hinter dem gewichtigen Ernst der Bewegung, welche die Geister besonders unseres deutschen Volkes ergriffen hat. Wir bedürfen anderer Waffen, um die uns aufgedrungene Geistesschlacht würdig durchzukämpfen. Und es ist vor Allem das deutsche Volk durch den lebendigen Zug seiner Seele zur Wahrheit dazu berufen, mit der vollen Kraft seines Geistes, mit der Frömmigkeit seines Gemüthes und mit dem Ernst seines

Gewissens diesen Kampf aufzunehmen und auszufechten. Unser Volk sorgt damit für den eigenen inneren Frieden und für das Heil der mit seiner Geistesfreiheit eng verbundenen Menschheit.

An keinem Punkte nun tritt uns die Nothwendigkeit solcher Aufklärung und eines von ihr geleiteten thatkräftigen Handelns deutlicher vor Augen, als bei der Erziehung und Bildung unserer Kinder. Wenn wir Erwachsenen der Predigt unserer Kirche kein gläubiges Ohr mehr leihen können, so hindert Niemand uns, die Befriedigung unseres religiösen Denkens in der friedlichen Stille des Hauses und der Natur zu suchen. Wenn die Kirche diese Fernhaltung von ihrem Leben mit der Entziehung ihrer Gnaden= mittel bestraft, können wir stark genug sein, uns im Glauben an die Güte Gottes zu beruhigen. Die Verdammungsurtheile der Kirche haben ihre nachtheiligen Wirkungen für das irdische Leben nahezu verloren. Der Glaube, daß die Verdammung der Kirche der Spruch der göttlichen Verdammung selber sei, ist dem edleren, allein christlichen Glauben gewichen, daß nicht Gott verdammt, sondern nur Menschen, die thöricht genug sind, zu wähnen, Gott habe ihnen das höchste Richteramt auf Erden übertragen, obgleich doch in der Bibel steht: „Richtet nicht, auf daß ihr nicht gerichtet werdet." In dieser Ueberzeugung gilt heut zu Tage Niemand, den eine Kirche verflucht, allgemein als Gottverfluchter. Aufgehetzte Gassenjungen mögen ihn beschimpfen, für den größeren Kreis der Gebildeten bleibt er im bürgerlichen Leben der Ehrenmann, der er war. Gegen weitere Kränkung seiner Ehre schützt ihn der Staat. Verweigert ferner die Kirche den nachgesuchten Beistand bei der Schließung der heiligsten Lebensbündnisse, so bedarf es auch zur Abhülfe von diesem Uebel nur einer geistesstarken Gesinnung, die es über sich gewinnt, auf eine liebgewordene und mit Recht hoch gehaltene Gewohnheit zu verzichten, die es auf sich nimmt, durch die That des Lebens zu beweisen, daß der Segen Gottes und der Segen einer irrenden Kirche nicht einerlei Ding sind, daß vielmehr wo die Kirche flucht, Gott segnen kann. — Weigert endlich die Kirche dem Sterbenden den letzten Trost zu spenden oder erstreckt sie gar den Fluch über das Lebensende des von ihr Verurtheilten hinaus auf sein stilles Grab, so stört diese Rohheit des Gemüthes die Ruhe des Todten nicht auf, verletzt aber sicher das Herz der trauernden Hinterbliebenen und macht sie abwendig von dem Glauben an die göttliche Sendung einer so giftgeschwollenen Kirche.

All diese in alter und neuer Zeit von der Kirche gegen innere Trübung für nöthig erachtete Abwehr hat unstreitig die Ruhe des bürgerlichen Lebens vielfach gestört und wird sie noch tiefer stören. Das trifft den Einzelnen, der mit seiner Kirche in Frieden leben möchte, schwer; aber diese Conflicte kommen doch nur bei bestimmten zeitweilig eintretenden Lebensereignissen zu Tage, sind daher vorübergehende Uebel, die sich in den meisten Fällen mit einem einmaligen oder zeitweisen Opfer stillschweigender Duldung beseitigen oder bei geistesstarker Gesinnung überwinden lassen.

Anders dagegen verhält es sich mit der Nachwirkung dieser religiösen Zeitbewegung auf Erziehung und Bildung unserer Kinder. Hier handelt es sich um den dauernden Einfluß auf die noch unreifen Seelen des werdenden Geschlechtes. An diesem Punkte hören Gleichgültigkeit, Geduld und Fügsamkeit auf. Hier handelt es sich nicht mehr um das Ertragen eines vorübergehenden Uebels, sondern um das Erdulden eines Unheils für Gegenwart und Zukunft. Und es gehört mit zu der edeln Seite der Menschennatur, daß sie uneigennützig genug ist, leichter das Wohl der eigenen Gegenwart preis zu geben, als das Heil der menschlichen Zukunft. Aus diesem Grunde hat denn auch in der Culturgeschichte der Menschheit jede religiöse Bewegung zugleich eine ernste Erziehungsfrage aufgeworfen, ist mehr als einmal selbst die staatliche Umwälzung eines Landes abhängig gewesen von dieser Verbindung des religiösen Entwickelungskampfes mit den wichtigen Fragen der Erziehung und der Bildung.

Der Blick auf diesen Zusammenhang muß uns antreiben zur ruhigen Besinnung über den nothwendigen Ausgleich der streitenden Ansichten, um ernstere Conflicte zu vermeiden. Wir hoffen, daß die Zeiten der Bartholomäusnacht, der Dragonaden, der Revolutionen um des Glaubens willen, der Sonderbundskriege vorüber sind; wir verwerfen die Niedermetzelung von Geistlichen durch eine gegen alle Religion wüthende Commune ebenso wie die von Geistlichen geleiteten Ketzergerichte. Wir Deutschen vor Allem wollen nicht noch einmal durch Religionshader zerrissen im eigenen Fleisch und Blute wühlen. Ist dies unser Aller ernster Wille, dann haben wir Alle die Pflicht, eine friedliche Verständigung auf dem Gebiete der Allen gemeinsamen Erziehung und Bildung zu suchen.

Zu dieser Verständigung nun gelangen wir nur, wenn wir

bei ruhiger Ueberlegung uns die beiden Fragen beantworten: — wem gebührt die Fürsorge für die Bildung des Volkes, dem Staate oder der Kirche? und — wenn dem Staate, wie hat dann die Staatsfürsorge für die Volksbildung sich am besten in Einklang zu setzen mit den berechtigten Ansprüchen der religiösen Gemeinschaften, denen die Pflege des religiösen Volkslebens hauptsächlich am Herzen liegen muß?

1.

Von diesen beiden Fragen wollen wir zunächst an der Hand der vergangenen Geschichte und der gegenwärtigen Erfahrung die erste Frage, die Grundfrage, betrachten: Wem in erster Linie gebührt die Fürsorge für die Bildung des Volkes, wem gehört die Schule, dem Staate oder der Kirche?

Die Kirchlichen der verschiedenen Religionen und Confessionen sind rasch mit ihrer Antwort bei der Hand. Die Kirche — sagen sie — hat von Alters her überall die Schulen gegründet, gepflegt und erhalten; durch historisches Recht also ist die Schule ein Annex der Kirche. So erklärte noch jüngst 1864 ein an den Erzbischof von Freiburg gerichtetes päpstliches Breve: „Die Schule ist von der Kirche gegründet worden, die Kirche hat sie immerfort mit der größten Sorgfalt gepflegt, die Trennung beider bringt den größten Nachtheil." Als ein Irrthum der Zeit wird in demselben Schreiben die Behauptung bezeichnet: „Die beste Staatseinrichtung erfordere, daß die Volksschulen, die den Kindern aller Volksklassen zugänglich sind, und überhaupt die öffentlichen Anstalten, die für den höheren wissenschaftlichen Unterricht und die Erziehung der Jugend bestimmt sind, aller Autorität, aller Leitung und allem Einfluß der Kirche enthoben und vollständig unter die Leitung der bürgerlichen und politischen Autorität gestellt würden, nach dem Belieben der Regierenden und nach Maßgabe der herrschenden Zeitmeinungen." — Im Syllabus wird diese jetzt verbreitete und durch die Gesetze der meisten Staaten sanctionirte Ansicht zu den verabscheuungswürdigen und verdammenswerthen Irrlehren der Zeit gerechnet. — Als eine gleiche Irrlehre rügt der Syllabus Art. 45 die Behauptung: „Die ganze Leitung der öffentlichen Schulen, in denen die Jugend eines christlichen Staates erzogen wird, nur die bischöflichen Seminarien in einiger Beziehung ausgenommen, kann und muß der Staatsgewalt zugewiesen werden, und zwar so, daß keiner andern Autorität irgend ein Recht, sich in die Schulzucht, in die Anordnung der Studien, in die Verleihung der Grade und die Wahl oder Approbation der Lehrer zu mischen, zuerkannt werden kann." — Auch diese Ansicht also, welche die Grundlage unseres ganzen jetzigen staatlichen Schulwesens bildet, verdammt der Papst.

Unsere orthodoxe protestantische Geistlichkeit verschiedener Orten hat wiederholt in ähnlicher Weise die Loslösung der Schule von der Kirche und die Unterstellung der Fürsorge für dieselbe unter den confessionslosen Staat beklagt als einen bedauernswerthen Abfall von dem richtigen Verhältniß zwischen Religion und Bildung.

Das Recht zu den Ansprüchen, deren Nichtbefriedigung solche Klage hervorruft, glauben die Kirchlichen aus der Geschichte sowohl, wie aus der Natur der Sache nehmen zu dürfen. Sie behaupten, die Geschichte beweise, daß die Kirche von jeher um die Gründung und die Pflege der Volkserziehung sich das Hauptverdienst erworben habe und daß dies bei dem engen, untrennbaren Zusammenhang von Religion und Erziehung auch ganz natürlich sei und deshalb im Zeitenlauf der Normalzustand bleiben müsse.

Dem gegenüber wollen wir aus der Geschichte und der noch jetzt vorliegenden Erfahrung beweisen, daß nicht durch kirchlichen Einfluß, sondern vor Allem durch den selbstständigen Bildungstrieb der Laienwelt, durch den Staat und die bürgerliche Gemeinde die Volksbildung im Laufe der Zeiten fortgeschritten ist und daß gerade die Kirche, durch religiöses Vorurtheil geblendet, diesen Fortschritt von jeher bis in unsere Zeit hinein vielfach gehemmt und gehindert hat. Schließlich wollen wir dieses Verhalten aus der Natur der Sache erklären. Damit werden wir dann die zugleich historische und rationelle Rechtfertigung für die jetzt herrschende Zeitansicht gegeben haben, daß die Pflege der Volksbildung Sache des Staates und der bürgerlichen Gemeinde ist. Für die Kundigen, welche sehen wollen, bedarf es eines solchen Nachweises längst nicht mehr; aber gegenüber dem Einfluß der Kundigen, die nicht sehen oder nicht sagen wollen, was sie sehen, dürfen wir nicht ablassen, die Wahrheit immer nachdrücklicher zu sagen und zu wiederholen, bis die Unwahrheit auch bei den jetzt noch Unkundigen keinen Glauben mehr findet.

Die Kirche also beansprucht Vorherrschaft im Reiche der Volksbildung auf Grund des angeblich historischen Rechtes, das sie durch

Gründung und Pflege der Bildungsstätten sich erworben haben will. Die Schule — so wird behauptet — ist die Tochter der Kirche, darum untersteht sie ihrer mütterlichen Obhut.

Ist diese Behauptung wahr? Was antwortet die Geschichte auf diese Frage? Ein Blick auf die Entwickelung des Schulwesens in der christlichen Zeit beweist die Unrichtigkeit dieser Behauptung. Wir erkennen wohl, daß die Kirche sich zeitweise mit Nachdruck und Erfolg der Volksbildung angenommen hat, daß aber ihre Fürsorge zu keiner Zeit ausreichte, daß ihre Einmischung vielmehr häufig den geistigen Fortschritt hemmte, das Wissen einseitig verkümmern ließ, daß alle tiefgreifenden Fortschritte der Volksbildung durch den Bildungstrieb der Laien und die Fürsorge der bürgerlichen und staatlichen Mächte gewonnen worden sind.

In der ersten Zeit des Christenthums hatten die neuen Glaubensgenossen natürlich für den Unterricht ihrer Kinder noch keine eigenen Anstalten; wer sein Kind bilden lassen wollte, mußte es in die heidnischen Schulen schicken. Mit dem wachsenden Gegensatz zwischen Heiden und Christen erwuchsen daraus Uebelstände, die zur gesonderten Fürsorge hindrängten. Schon früh machten es daher die in der syrischen Kirche entstandenen apostolischen Constitutionen den Vätern zur Pflicht, ihre Söhne zu erziehen in dem Herrn. Auch hervorragende Geistliche, wie Chrysostomus, Basilius und Benedict von Nursia versäumten nicht, für eine über die bloße Religionspflege hinausgehende Bildung kräftig das Wort zu nehmen und den von ihnen abhängigen Klostergeistlichen die Fürsorge für die Kindererziehung zur Pflicht zu machen.

Chrysostomus verlangt dies entschieden von den Klosterleuten und legt andererseits den Eltern dringend an's Herz, ihre Söhne in der Stille eines Klosters erziehen zu lassen. Wie die Juden nicht in Aegypten hätten besser werden können, sondern nur in der Wüste, so auch seien die Söhne nicht sittlich zu erziehen im Aegypten der damaligen Welt, sondern in der Einsamkeit des Klosters. Hier aber sollten sie nicht blos religiöse Bildung suchen, sollten nicht meinen, alle weitere geistige Bildung sei ausschließlich Sache der Klosterleute. Nicht blos die Mönche müßten gebildet werden, vielmehr ganz besonders auch die zu den Geschäften des Weltlebens bestimmten Knaben bedürften einer literarischen Bildung. — In ähnlicher Gesinnung ermahnt Basilius der Große in seiner „Rede an die christlichen Jünglinge" zum rechten Gebrauch der klassischen Schriftsteller des heidnischen Alterthums. Wie Moses Weisheit in Aegypten gelernt habe, so könne auch jetzt wieder die christliche Jugend Weisheit lernen aus den Schriften der Alten. Sei doch die Dichtung Homer's ein herrlicher Lobgesang auf die Tugend. Durch das Lesen der alten heidnischen Klassiker werde auch die Sehkraft für das Verständniß der heiligen Schrift gefördert. — Geringeres natürlich verlangt er in seiner den Mönchen gegebenen Regula fusior für die Knabenerziehung. Den Hauptstoff zum Unterricht bietet hier die Lehre der heil. Schrift. Naiv fordert er, an die Stelle der Mythen sollten die Wunder, an die Stelle der alten Gnomen die salomonischen Sprüche treten. Aber er macht doch mit Nachdruck den Mönchen zur Pflicht, sich um die Erziehung der christlichen Jugend zu kümmern. Verwaiste Kinder sollen die Klöster von freien Stücken aufnehmen; Kinder, deren Eltern noch leben, sollen nur aufgenommen werden, wenn sie in Gegenwart mehrerer Zeugen dargebracht werden. Man scheute sich noch vor dem Schein einer gewaltsamen Anwerbung zum Klosterstande. Den so dargebrachten Kindern wurde ausdrücklich die Entscheidung über ihr späteres Verhältniß zum Kloster vorbehalten. Sie sollten auch in besonderen bei den Klöstern gelegenen Erziehungshäusern unterwiesen werden. Ganz in gleichem Sinne wirkte Benedict durch seine zunächst für das auf dem Monte Cassino von ihm gestiftete Kloster gegebene Ordensregel. Auch er machte den Mönchen Pflege der eigenen Bildung und der christlichen Jugenderziehung zur Pflicht. „Weil der Müßiggang der Seele Feind ist — heißt es in der Ordensregel — so sollen die Mönche arbeiten, sowohl im Landbau als mit dem Geiste; sie sollen die Bücher der Bibliothek der Reihe nach durchlesen, worüber man strenge Aufsicht halten muß. Auch dürfen sie allerlei Handgeschicklichkeiten treiben. Man soll auch bereitwillig die Knaben übernehmen, die dem Kloster dargeboten werden."

Neben solchen Fürsprechern der Volksbildung unter den Geistlichen stehen aber schon früh Andere, welche um des religiösen Seelenheiles willen die Pflege weltlichen Wissens fürchten und ängstlich abweisen. Schon Tertullian schreibt: „Suchest Du Wissenschaft? Wir haben sie, aber nicht von Athen. Was hat Athen mit Jerusalem zu thun, was die Akademie mit der Kirche? Unsere Lehre ist aus Salomo's Halle, nach dessen Ueberlieferung der Herr in Einfalt des Herzens zu suchen ist. Wir brauchen nicht weiter zu suchen, nachdem wir das Evangelium erhalten haben. Da wir glauben, so bedürfen wir nichts weiter als Glauben. Denn Das glauben wir vor allen Dingen, es gebe nichts mehr, was wir weiter zu glauben haben. Alles Suchen wie Finden hört mit dem Glauben auf. Es ist besser, nicht zu wissen, damit Du nicht wissest, was Du nicht wissen sollst, weil Du weist, was Du wissen sollst." — Tertullian warnt deshalb vor dem Unterricht in der heidnischen Literatur, man müsse sie kennen lernen, um sie zu bekämpfen, aber man dürfe sie nicht durch Lehre verbreiten. — Ebenso ängstlich beschneidet Hieronymus das Wissen. Einer Frau Laeta empfiehlt er als Lektüre für ihre Tochter Paula nur die heilige Schrift; taub ferner soll sie sein für Musik, wozu Flöte, Leier und Zither gemacht sind, nicht einmal Das soll sie wissen. — Für die Knabenbildung betrachtet er die Kenntniß der alten Schriftsteller als ein nothwendiges Uebel vorbereitender Bildung, für den Priester aber sei es später eine Schande, wenn er statt das Evangelium zu lesen, sich mit heidnischen Komödien beschäftige. — Auch Augustin wehrt die heidnische Literatur von der Erziehung ab. „Jene endlosen und gottlosen Fabeln — schreibt er — wovon die Gedichte eitler Dichter wimmeln, stimmen mit unserer Freiheit schlechterdings nicht zusammen; ebenso die schwulstigen und polirten Lügen der Redner, noch endlich der Philosophen wortreiche Spitzfindigkeiten. Das sei ferne, daß jemals die Nichtigkeiten und erlogenen Tollheiten, die windigen Possen und die aufgeblasenen Unwahrheiten mit Recht könnten freie und edle Wissenschaften genannt werden!"

Daß bei einer so zwiespaltigen Stimmung der Geistlichen hinsichtlich des weltlichen Wissens von der Kirche keine durchgreifende Volksbildung ausgehen konnte, ist selbstverständlich. Einzelne Klosterleute, namentlich die Benedictiner, nahmen sich allerdings beiläufig in ihren Klöstern der Volksbildung an. Auch entstanden gemäß einer kirchlichen Verordnung vom Jahre 529 schon früh in Italien einzelne Schulen bei den Episkopen und Presbytern der Parochien, sogenannte Episkopal- oder Parochial-Schulen. Aber im Großen und Ganzen konnten doch diese vereinzelten Schulversuche dem Bedürfnisse der Volksbildung nicht genügen. Gar bald überwucherte bei diesen geistlichen Schulen der Hauptzweck, Bildung zum geistlichen Amt, den Nebenzweck, der weltlichen Volkserziehung zu dienen, all zu sehr. Den Klosterleuten lag vor Allem die religiöse Unterweisung der Jugend und die Ausbreitung ihres Ordens am Herzen. Darüber kam die weitere Volkserziehung gar bald zu kurz.

Es bedurfte der mächtigen Hand eines Fürsten, um für eine kurze Zeit wenigstens dieser Vernachlässigung Einhalt zu thun. Karl der Große war es, der unermüdlich das höhere Interesse der Volksbildung gegenüber dem lässig gewordenen Klerus zur Geltung brachte. Gleich nach seinem ersten Aufenthalte in Rom stellte er den Lullus, den Nachfolger des Bonifaz auf dem Stuhle von Mainz, darüber zur Rede, daß er so wenig Sorge trage für die Bildung seines Klerus, während er doch durch freundlichen Rath, durch ernsten Tadel oder auch durch äußere Unterstützung zu wissenschaftlichen Studien anregen könne. Nach der dritten Romreise im Jahre 787 schreibt Karl in einem Erlaß an den Abt Bangulf von Fulda, indem er sich zugleich an alle Bischöfe und Aebte wendet, er erhalte aus vielen Klöstern Schriftstücke von vortrefflicher Gesinnung, aber in einer ungebildeten Sprache. Er fordere die Geistlichen auf, neben der Sorge für eine würdige und fromme Führung des Lebens auch das Studium der Wissenschaften sich zur Aufgabe zu machen. „Denn wir wünschen, daß ihr, wie es Streitern der Kirche geziemt, inwendig fromm, nach außen gelehrt seid und die Keuschheit eines heiligen Lebens mit guter Sprachkenntniß vereinigt." — Zwei Jahre darauf erließ Karl wiederum eine Aufforderung an den Klerus, bei den Klöstern und Bischofssitzen Schulen einzurichten, nicht allein für die Kinder der Unfreien, sondern auch der Freien. Er verlangte, daß in denselben neben der Religion auch das Lesen, Rechnen und Singen gepflegt, daß nicht blos die lateinische Sprache, sondern auch die Muttersprache berücksichtigt werde. Nach einer andern Verordnung sollte sogar Niemand Priester werden, der sich nicht durch eine besondere Prüfung darüber ausgewiesen hätte, daß er in diesen elementaren Unterrichtsgegenständen die nöthigen Kenntnisse besitze und daß er die geistlichen Wissenschaften inne habe. Auch ließ Karl sich von den Bischöfen darüber Bericht erstatten, wie die Priester diesen Verordnungen nachkämen, wie sie demgemäß die Kinderlehre handhabten. Die Säumigen wurden angehalten, ihre Pflicht zu thun.

Durch solche kräftige Einwirkung der durch Karl zur Geltung gebrachten Staatsmacht hob sich das unter der geistlichen Obhut gesunkene Bemühen um die Volkserziehung eine Weile wieder, aber leider überdauerte diese Fürsorge kaum das Leben des großen Mannes. Nach Karls Tode riß bald die alte Lässigkeit wieder ein. Schon der Abt Lupus von Ferrieres mußte gegen Eginhard klagen: „Unter Karl hat die Beschäftigung mit den Wissenschaften Ehre gebracht, jetzt aber werden die Gelehrten als müßige Leute angesehen, und man schreibt jeden Fehler, den man an ihnen entdeckt, nicht der menschlichen Schwäche, sondern der Wissenschaft zu." — Und diese Klage über die Geringschätzung der Bildung trifft nicht etwa blos die Fürsten und den Adel, sondern vor Allem auch in erster Linie den Klerus, der ohne den Antrieb eines mächtigen Fürsten gar rasch wieder das bequeme Leben der mühsamen Fürsorge für Volksbildung vorzog. Auf einer Synode zu Aachen im Jahre 817 wurde sogar den Klöstern die Aufnahme von Laienschülern ausdrücklich verboten, man fürchtete schon von dieser beschränkten Fürsorge für das weltliche Wissen eine Benachtheiligung des geistlichen Lebens.

Fortschritte machte die Volksbildung nur in den Ländern, in welchen kräftige Fürsten, wie in England König Alfred und in Deutschland Kaiser Otto, die Macht des Staates für die Förderung der Volksbildung einsetzten. Zur Ausführung ihres Bemühens brauchten diese Fürsten allerdings geistliche Hülfe und fanden sie auch. Denn immer gab es doch noch verständige Kleriker, die bereit waren, die Volksbildung zu heben. Auch Päpste wie Alexander III. und Innocenz III. bemühten sich in dieser Richtung. So verordnete noch unter Alexander's Einfluß das dritte Laterancocil von 1179 wieder, daß bei allen Kathedralen geistliche Schullehrer mit bestimmter Besoldung angestellt und die aus Nachlässigkeit eingegangenen Schulen wieder hergestellt werden sollten. Auch hat ja namentlich in dieser früheren Zeit der Benedictinerorden sich unstreitig Verdienste erworben um die stille Pflege der Wissenschaft und die Förderung der Volkserziehung. Aber im Laufe der Jahrhunderte nahmen diese geistlichen Bemühungen um die Volksbildung nicht stetig wachsend zu, sondern stetig sinkend ab.

Beispiele, daß die zur Beaufsichtigung und Leitung des Unterrichts an den geistlichen Schulen berufenen Scholastiker nicht mehr selbst ihr Amt versahen, sondern es durch Substitute versehen ließen, sind vor dem letzten Viertel des zehnten Jahrhunderts selten; von dieser Zeit an aber werden diese Beispiele immer häufiger. Die zu Prälaten gewordenen Scholaster fanden das Schulhalten lästig, behielten selbst nur die Inspection und Vertretung der Schule im Capitel, so wie die Verwaltung der äußeren Angelegenheiten, insbesondere der Einnahmen, und überließen das Weitere den unbedeutenderen, aber ebenso sehr auf ihre eigene Bequemlichkeit und ihren eigenen Vortheil bedachten Substituten. So nahm denn reißend überhand der Verfall des kanonischen Lebens und der Pflege der Bildung in den Klöstern. Mit dem zwölften und vollends mit dem dreizehnten Jahrhundert ist die culturhistorische Bedeutung des bis dahin verdienstvollsten Ordens der Benedictiner vorbei. In Fulda war schon im elften Jahrhundert die Disciplin heillos verfallen, in Corwey begann mit dem Tode des Abtes Wiebold im zwölften Jahrhundert das so lebhaft von Nicolaus von Cusa beklagte Sinken ohne Einhalt. Seit die Aebte von St. Gallen im dreizehnten Jahrhundert Fürstbischöfe geworden waren, zogen sie die kriegerischen weltlichen Beschäftigungen den Studien vor, seit der Zeit kam es vor, daß selbst Aebte zu St. Gallen nicht einmal schreiben konnten. Diese Behauptungen sind ja nicht etwa blos protestantische Erfindungen, ihre Wahrheit ist ja bezeugt durch die Clementina und Benedictina von Clemens V. und Benedict XII. im vierzehnten Jahrhundert und durch die großen Reformconcilien des fünfzehnten Jahrhunderts. Ebenso bekannt ist, wie unmächtig alle diese Bemühungen um eine Abstellung der Klosterübel sich erwiesen. „War doch das ganze Concilium von Basel nit so mächtig — sagt Geiler von Kaisersberg — daß es mogt ein Frauenkloster reformiren, wie hart wäre es erst in den Mannsklöstern zu thun, wo nichts als Edle inn sind." — Die Klöster waren eben durch die Anhäufung von Reichthum zu mächtig selbst gegen die Kirche und zu lässig in der Erfüllung ihrer ursprünglich edleren Pflichten geworden. Der allgemeineren Aufgabe der Volksbildung konnten sie längst nicht mehr genügen.

Es begreift sich daher vollständig, daß die Laienwelt, deren Bildungsstreben nicht stillstand, inzwischen neue Wege zur Befriedigung ihres Bildungstriebes gesucht und eingeschlagen hatte. So pflegten die Ritter auf ihren Burgen die Uebungen körperlicher Kraft und Geschicklichkeit, welche die Kloster- und Kathedral-Schulen ganz vernachlässigten, hegten auch auf ihre eigene Hand Dichtkunst und Tonkunst und begannen allmählig das Erlernen der französischen Sprache als zur feinen Sitte gehörig zu betrachten. An diesem Treiben nahmen wohl hin und wieder die Burggeistlichen

fördernd Theil, wie denn andererseits auch die Junkherrelin bis-
weilen ihre Weisheit in den geistlichen Schulen eine Zeit lang zu
mehren suchten. Aber es war doch dieses ritterliche Bildungsstreben, welches den Sinn für das Schöne öffnete und den Körper
für mannhafte Thaten stählte, nicht von der Kirche ausgegangen.

Noch geringeres Verdienst kann sich die Kirche zuschreiben in
Betreff der Gründung und Pflege der Universitäten. Die
ältesten Universitäten in Italien sind entstanden aus freien Ver-
einigungen gelehrter Männer und strebsamer Jünglinge, die von
jenen lernen wollten. So gründete gegen Ende des elften Jahrhunderts ein getaufter Jude Constantinus Africanus aus
Karthago zu Salerno eine medizinische Schule, so der Rechtslehrer
Irnerius im Anfang des zwölften Jahrhunderts eine Rechts-
schule zu Bologna. Ihnen gesellten sich bald auch andere Lehrer
der freien Künste zu. Von einem weltlichen Fürsten, von Kaiser
Friedrich I., erhielt die Bologneser Juristenfacultät zum Dank
für die während des Reichstages auf den Roncalischen Feldern
dem Kaiser geleisteten Dienste die ihrem Besuche förderlichen ersten
Privilegien. In den so gegründeten Schulen zuerst entwickelte sich
unabhängig von der Kirche eine freie weltliche Wissenschaft. Erst
allmählig suchte die Kirche an diesen nicht durch sie entstandenen
Bildungsstätten auch für die Pflege ihrer Disciplin Platz zu gewinnen, so stiftete Innocenz VI. erst in der zweiten Hälfte des
vierzehnten Jahrhunderts eine theologische Schule an der Hochschule zu Bologna neben den schon bestehenden Schulen der Ju-
risprudenz, der Medizin und der freien Künste.

Auch die Pariser Universität ist nicht eigentlich eine Stiftung
der Kirche zu nennen, sie ist vielmehr allmählig im Kampf mit
dem Kanzler des Kathedralcapitels aus einzelnen freieren theologischen und philosophischen Schulen, welche durch berühmte Lehrer
gebildet und erhalten wurden, zusammen gewachsen. Eine erste
corporative Förderung erhielt sie durch ein königliches Diplom
Philipp Augusts, durch welches ihre Mitglieder der städtischen Ge-
richtsbarkeit enthoben wurden. Erst später (1203) trat eine weitere
Förderung der corporativen Selbstständigkeit durch den Papst Innocenz III. hinzu, welcher der hohen Schule das Recht zugestand,
ihre Angelegenheiten als Collectivperson durch einen eigenen Kanzler
zu vertreten. Zur Stärkung dieser corporativen Selbstständigkeit
gegenüber den unberechtigten Ansprüchen des Kathedralkapitels

konnte es der hohen Schule nur erwünscht sein, wenn ein Jahrzehnt später der Papst auch ihre Statuten durch seinen Legaten sanctioniren ließ. Nach gewonnener Selbstständigkeit hat dann gerade die Pariser Universität ihre hohe Bedeutung nicht so sehr durch Förderung seitens der Kirche, als vielmehr im häufigen Kampfe mit der Kirche errungen, hat namentlich bei den kirchlichen Streitigkeiten des vierzehnten und fünfzehnten Jahrhunderts mit Nachdruck auf Abstellung der in der Kirche eingerissenen Uebel gedrungen und hat in diesem Kampf nicht selten des weltlichen staatlichen Schutzes bedurft.

Unter unseren deutschen Universitäten ist ähnlich wie Paris aus theologischen Schulen nur Köln erwachsen, aber eine Stiftung der Kirche ist sie ebenso wenig zu nennen wie Paris. Als Universität war sie eine Stiftung des kölnischen Stadt-Senats, der von dem Beispiele angeregt, welches damals überall die Fürsten und Städte Deutschlands durch Gründung von hohen Schulen zur Förderung der Wissenschaften nach dem Muster Italiens gaben. Alle hohen Schulen Deutschlands sind Stiftungen hochherziger Fürsten, ehrenwerther Bürgerschaften, selbst auch wohl eines Bürgers, gestiftet in dem Wunsche, die eigenen Landeskinder nicht mehr über die Berge nach Italien oder über den Rhein nach Frankreich schicken zu müssen zur Erlangung des höchsten Wissens. Nur weil an diesen hohen Schulen auch Theologie und kanonisches Recht gelehrt werden sollte, und weil die Lehrkräfte anfangs nur aus dem Kreise der Kleriker genommen werden konnten, wurde es nöthig, zur Errichtung solcher hohen Schulen ein päpstliches Privilegium nachzusuchen, welches auch zur Ertheilung der akademischen Würden berechtigte. Die allmählige Ausdehnung dieses Abhängigkeitsverhältnisses war für den Fortschritt der Wissenschaftspflege an den Universitäten keineswegs förderlich. Vielmehr hat die Einmischung der kirchlichen Macht die Wissensarbeit der Universität eher gehemmt als gefördert. Es verstand sich nicht nur von selbst, daß die Pflege der Theologie als Hauptsache galt, es ergab sich auch, daß das übrige Wissen unter dem Drucke des theologischen Maßstabes vielfach leiden mußte. Wie konnte das Studium der Medizin gedeihen, so lange nur Klerikern, welche durch das Verbot der Section menschlicher Leichen im Studium der Anatomie behindert waren, das Lehramt dieser Wissenschaft zustand, so lange unter dem Bann ähnlicher Vorurtheile die Chirurgie nur als ein

Handwerk erschien, dessen Ausübung untergeordneten Badern anheim gegeben blieb, denen kein Recht auf den Erwerb eines akademischen Grades zustand! Wie konnte die Naturwissenschaft gedeihen, so lange auch für dieses Wissen die Naturanschauung der Bibel als Norm galt! Kann man denn vergessen, daß die kirchliche Autorität mit Hülfe der römischen Inquisition Galilei, den Vertreter der richtigen Kopernikanischen Lehre, im Jahre 1633 gezwungen hat, die richtige Ansicht, daß die Erde sich um die Sonne bewege, als Irrthum, und die Behauptung, daß die Sonne still stehe, als abscheuliche Ketzerei abzuschwören und zu verfluchen? Und hat man denn in Rom nicht dieses Inquisitionsurtheil über die Schriftwidrigkeit und Schädlichkeit der durchaus richtigen Kopernikanischen Lehre für den katholischen Glauben bis in unser Jahrhundert hinein so hartnäckig festgehalten, daß erst seit 1835 das Werk des Kopernikus wieder aus dem Index der verbotenen Bücher weggelassen worden ist? Es war unmöglich, daß unter solchem Kirchendruck sich ein freieres Naturwissen entwickeln konnte. Ebenso gelähmt war die freie Bewegung der Philosophie, sie konnte nur auf den kirchlich autorisirten Geleisen der eng umgrenzten scholastischen Weisheit wandeln, sie hatte der Theologie Magddienste zu leisten in der Erklärung der von der Kirche gelehrten Glaubenssätze, diesen Dogmen gegenüber besaß sie selbst keinerlei Freiheit. Wenn freiere Denker den Bann dieses Kirchenzwanges zu durchbrechen wagten, so haben sie mehr als einmal auf dem Scheiterhaufen geendet und häufiger noch ihre Schriften dem Kirchenbann verfallen sehen. Selbst die Schriften des gottesgläubigen und frommen katholischen Philosophen Cartesius entgingen im Jahre 1663 dem Schicksal des Indexverbotes nicht, und auf den Betrieb des Erzbischofes von Paris folgte im Jahre 1671 das Verbot der Lehre dieser Philosophie an der Universität. Wahrlich im Angesicht solcher leicht zu mehrenden Thatsachen gehört eine kecke Stirn dazu, kurzweg zu behaupten, die Universitäten seien ursprünglich kirchliche Stiftungen und verdankten vor Allem der Kirche die Blüthe ihres wissenschaftlichen Fortschrittes. Unzweifelhaft gab es Zeiten, in welchen die an den Universitäten gelehrte Wissenschaft nur aus den Kreisen der allein den wissenschaftlichen Studien ergebenen Klerikern Förderung finden konnte und wirklich fand, aber diese kirchliche Verbindung, die anfangs natürlich und unvermeidlich war, ward gar bald zum Hemmschuh des freieren Fortschrittes, von dessen

Druck nur die Abschüttelung der kirchlichen Abhängigkeit und die immer entschiedenere Anlehnung an die weltliche Macht befreien konnte. Nur in der wachsenden Unabhängigkeit von dem kirchlichen Einfluß bestand das Heil und der Fortschritt der höheren Volksbildung.

Nicht anders stand es um die Hebung der eigentlichen Bürgerschulbildung. Im Kampfe mit den kirchlichen Autoritäten hat sich der Bürgerstand namentlich in Deutschland die für seinen Stand tauglichen Schulen selbst schaffen müssen. Die Klosterschulen genügten immer weniger den praktischen Bedürfnissen der Volksbildung, darum suchten die Bürger insbesondere der großen freien Städte Norddeutschlands sich selbst zu helfen durch Gründung sogenannter deutscher Schriefscholen, in denen mehr Gewicht gelegt wurde auf das Erlernen der Muttersprache und der für das bürgerliche Leben nützlichen Kenntnisse. Die Scholastiker, als Vorsteher der Dom- oder Klosterschulen, sahen in der Errichtung solcher Schulen sofort eine Kränkung ihres Rechtsanspruchs und besonders eine Beeinträchtigung ihrer Einkünfte, und bereiteten daher den bildungsbedürftigen Stadtbürgern alle nur erdenklichen Hindernisse, nicht selten sogar in offener Auflehnung gegen eine päpstliche Erlaubniß.

So hatte die Bürgerschaft Lübeck's bereits im Jahre 1253 vom Papste die Erlaubniß zur Gründung einer Stadtschule erhalten, konnte aber erst nach einem neunjährigen Hader mit dem widerstrebenden Domkapitel zur Gründung der Schule schreiten, nachdem sie zugegeben, daß die Schule dem Scholastikus des Kapitels untergeordnet bleibe. Noch im vierzehnten Jahrhundert wurden die von der Stadt gegründeten und erhaltenen Schreibschulen nur unter der Bedingung der Zinspflichtigkeit vom Scholastikus geduldet.

Noch viel heftigere Kämpfe hatte der selbstständige Bildungsdrang der Bürger Hamburg's durchzufechten. Schon im Jahre 1281 machten die dortigen Bürger den Versuch, neben der Domschule eine deutsche Schreibschule in der damaligen Neustadt zu St. Nikolai zu gründen. Papst Martin IV. gab seine Einwilligung dazu, sogar mit der Erlaubniß, daß die Juraten und Aeltesten der Kirchspielsgemeinde die Lehrer ein- und absetzen durften. Das Domkapitel aber weigerte sich, diese päpstliche Erlaubniß anzuerkennen und es dauerte lange, bis ein Vergleich zu Stande kam, der das Kapitel gegen materielle Einbuße schützte. Bald darauf brachen neue

Streitigkeiten aus, welche sogar zu Gewaltthätigkeiten führten und der Stadt den Bannfluch zuzogen. Zu Anfang des fünfzehnten Jahrhunderts beschwerte sich der Scholastikus beim Papste darüber, daß, obwohl seit unvordenklichen Zeiten in Hamburg die bestehenden zwei Schulen völlig genügt hätten für die gesammte Hamburgische Jugend, doch in neuester Zeit Personen sich anmaßten, unerlaubt Schulen zu gründen und somit den privilegirten Schulen die Schüler zu entziehen. Bonifacius IX. beauftragte den Benedictiner Abt Conrad zu Paderborn mit der commissarischen Ordnung dieser Angelegenheit. Derselbe erschien und befahl die Schließung aller dieser Schulen bei Strafe des Interdictes. Später im Jahre 1412 hatte der Scholastiker Duker wieder zu klagen gegen einen Priester und zwei Laien wegen abermaliger Nichtachtung seiner angeblichen Rechte durch Haltung einer Bürgerschule. Als die Verklagten ihre Lehrthätigkeit nicht einstellten, verlangte das Domkapitel ihre Excommunication. Die Verklagten konnten den Rathssecretär selbst als ihren Anwalt bei den in Lüneburg stattfindenden Verhandlungen stellen. Sie wurden verurtheilt, sie appellirten an ein höheres Gericht und der Rath selbst unterstützte ihre Appellation. Der Papst verwies die Sache an den Bischof von Lübeck. Dieser drohte dem Rath mit der Excommunication. Rath und Bürgerschaft ließen sich nicht einschüchtern und suchten ihre Sache ebenso wie der Scholastikus Duker durch einen Abgesandten in Rom selbst zu vertreten. Auch dort fiel die Entscheidung zu Gunsten des Scholastikus aus und Rath und Bürgerschaft sahen sich von der Excommunication bedroht. Um sich von diesem Uebel zu befreien, ließ sich die Stadt auf einen Vergleich ein, zahlte dem Scholastikus eine Entschädigung und erwarb dafür das eng begrenzte Recht, in einem bestimmten Hause vierzig Schüler im Deutschen, Schreiben und Lesen unterrichten zu lassen.

Das ist die Weise, in welcher die katholische Kirche sich dem berechtigten Verlangen fortschreitender Bürgerbildung entgegenstellte. Sie sorgte dafür, daß durch die Errichtung solcher Schulen von Seiten der Bürger ihre Einnahmen keinen Schaden litten, aber sie sorgte nicht für die Befriedigung dieser Bildungsbedürfnisse selbst. Nur unter hemmenden Bedingungen erlaubte sie den Bürgern, dafür selbst zu sorgen. Jeder Kundige weiß auch, daß gerade diese Hemmungen und die durch sie erzeugten lästigen Zwistigkeiten wesentlich dazu beigetragen haben, die Annahme der Reformation namentlich in den Städten Norddeutschlands zu erleichtern. Der deutsche Bürger begrüßte in der Reformation die Befreiung von dem lästig gewordenen Priesterdruck.

Die Reformatoren nun haben unstreitig das große Verdienst, klar erkannt zu haben, daß auch das religiöse Leben des Volkes ohne eine alle Kreise durchdringende Volksbildung nicht gedeihen kann und daß nur der Staat und die Gemeinde im Stande sind, durch ihre Fürsorge den Erwerb solcher Volksbildung zu sichern. In diesem Sinne ergriff Luther 1520 in seiner Schrift an den Adel deutscher Nation das Wort für die nothwendige Reform der deutschen Universitäten, ermahnte er 1524 in einem andern Schreiben die Rathsherren aller Städte Deutschlands, daß sie christliche Schulen aufrichten und halten sollten und machte er es in einer Predigt vom Jahre 1530 den Eltern zur Gewissenspflicht, daß sie ihre Kinder zur Schule halten sollten. Die von der Reformation gegebene Anregung veranlaßte dann viele deutsche Fürsten zur Gründung neuer Universitäten in ihren eigenen Landen, bewog die Stadtmagistrate zur Gründung oder Verbesserung der Gymnasien und Bürgerschulen und rief auch ein erneutes Bemühen um die Förderung der Volksschulen auf dem Lande hervor. Unstreitig haben die Reformatoren durch ihre Schulpläne, Melanchthon durch seine Lehrbücher, Luther durch seine Bibelübersetzung und Katechismen zur Hebung der Volksbildung nach allen Richtungen hin das Beste gethan und es ist somit diese Verbesserung des Schulwesens von der protestantischen Kirche ausgegangen. Aber in der protestantischen Kirche bildet ja grundsätzlich die Laienwelt auch in Betreff der Lehre keine vom Klerus einflußlos gesonderte Masse, welche sich der durch die höhere Geistlichkeit vertretenen Lehrautorität der Kirche einfach zu unterwerfen hat. Daraus ergab sich schon von selbst, daß auf dem Boden des Protestantismus gleich anfangs nur Kirche, Staat und Gemeinde zusammen in enger Gemeinschaft für die Verbesserung des Schulwesens sorgen konnten.

Im Verlaufe der Zeit ergab sich mit derselben Nothwendigkeit die wachsende Zunahme des Einflusses von Staat und Gemeinde. Es lag in der Natur der Sache begründet, daß anfangs bei jener engen Gemeinschaft doch nach alter Gewohnheit der kirchliche Einfluß überwog. Daraus erwuchsen denn auch gar bald für die Volksbildung der Protestanten die aus der früheren Zeit hinlänglich bekannten Uebel.

Auf den protestantischen Universitäten nahmen bald die theo-

logischen Zänkereien zum Nachtheil des übrigen Wissens allzu viel
Zeit und Kraft in Anspruch, auch an lästigen Verketzerungen fehlte
es leider nicht. Es mag immerhin unmöglich gewesen sein, die neue
religiöse Lehrmeinung ohne harten Kampf der Geister durchzubilden
und es mag für die Gesammtbildung unseres Volkes ein Vortheil
gewesen sein, daß dieser Kampf nicht unmittelbar das ganze Volk
in Mitleidenschaft zog, sondern in erster Linie ein Schulstreit der
Universitäten blieb; aber zweifelloser noch ist es, daß diese Vor=
herrschaft theologischer Zänkereien den freieren allgemeinen Bildungs=
fortschritt der Universitäten vielfach gehemmt hat und daß der Fort=
schritt der Universitätsentwickelung nur in der zunehmenden Be=
freiung von diesem theologischen Druck bestehen konnte.

Auch auf den protestantischen Gymnasien überwucherten bald
Latein und Religion alles andere Lehren und Lernen und ebenso
verblieb die Volksschule auf dem kümmerlichen Standpunkt der
Küster= und Katechismusschule. Dabei führte natürlich das ein=
seitige Uebermaß der Religionslehre zum mechanischen Betrieb dieses
Unterrichtes und es half nicht viel, daß die Pietisten, denen die
Religion nicht Wissens= sondern Herzenssache sein sollte, über das
Hereinziehen der theologischen Streitfragen in den religiösen
Jugendunterricht und die äußerliche Behandlung desselben klagten.

In Schulsachen blieben die Gemeinden abhängig vom Einfluß
der Geistlichen und unter der Einseitigkeit dieses Einflusses litt
auch bei den Protestanten die religiöse Erziehung ebenso sehr
wie das weltliche Wissen.

Nur wenn einsichtige Fürsten, wie Ernst von Coburg Gotha
und Friedrich der Große die Macht des Staates einsetzten zur
Besserung des Schulwesens, ward der theologischen Einseitigkeit
einigermaßen gesteuert und die Volksbildung wesentlich gefördert.
Nur die Staatsmacht erwies sich auch als kräftig genug, die Be=
nutzung der dargebotenen Bildungswege zur allgemeinen Volkspflicht
zu machen.

In den Augen der ultramontanen Finsterlinge allerdings ver=
dient der Staat darum kein Lob. Sie schimpfen die durch den Staat
zur Geltung gebrachte Schulpflicht eine protestantische Erfindung,
eine staatliche Tyrannei. Wer die Geschichte kennt, weiß, daß der
wahre Sachverhalt zu dieser Klage keinen Grund giebt. Freilich
hat Luther in seinem Sermon, daß man Kinder solle zur Schule
halten, das Halten auf den Schulbesuch als obrigkeitliche Pflicht

bezeichnet. — „Ich halte aber — sagt er mit nachdrücklichen Worten — daß auch die Obrigkeit hier schuldig sei, die Unterthanen zu zwingen, die Kinder zur Schule zu halten. — Kann sie die Unterthanen zwingen, so da tüchtig dazu sind, daß sie müssen Spieß und Büchsen tragen, auf die Mauern laufen, und andres thun, wenn man kriegen soll; wie vielmehr kann und soll sie die Unterthanen zwingen, daß sie ihre Kinder zur Schule halten." — Freilich haben einsichtsvolle protestantische Fürsten und vor Allem unsere preußischen Könige diesem Mahnrufe thatsächliche Folge gegeben und den Erwerb einer allgemeinen Schulbildung dem Volke als staatsbürgerliche Pflicht aufgelegt. Aber ist denn nicht etwa schon vor der Reformation innerhalb der katholischen Kirche von einsichtsvollen Geistlichen oder kirchlichen Gemeinden Dasselbe erstrebt und hin und wieder versucht worden? Hat nicht schon das Mainzer Concil von 813 einen Lernzwang vorgeschrieben, wenn es von den Priestern verlangt, daß sie alles Volk zum Erlernen der Glaubensformeln nöthigen und jede Vernachlässigung mit Fasten oder sonstiger Züchtigung bestrafen sollen? Schon im J. 1270 hatte der Erzbischof Engelbert II. von Köln das Statut einer Küsterschule der Pfarrei Bigge, Amts Brilon, bestätigt, nach welchem die Kirchspiels-Eingesessenen bei Strafe von 12 Mark verbunden sein sollten, ihre Kinder zur Schule zu schicken, damit das noch in vielen Herzen glimmende Heidenthum dadurch gänzlich erlöscht werde.

Aehnliche Verordnungen kamen auch anderwärts vor, aber sie blieben vereinzelt; es fehlte der katholischen Kirche das nöthige Gesammtbewußtsein über das Erforderniß gesteigerter Volksbildung und deshalb auch der kräftige Gesammtwille zur wirksamen Durchführung der im Einzelnen als nothwendig erkannten Bildungspflicht. Diese Erkenntniß nun mußte allerdings im Protestantismus zum Durchbruch kommen, denn die Befreiung von den römischen Fesseln konnte nur durch eine gesteigerte Volksbildung gesichert werden und nur der Staat hatte Macht genug die fortschreitende Bildung mehr und mehr zum Gemeingut des Volkes werden zu lassen. So ist denn die allgemeine Schulpflicht keine protestantische Erfindung und keine vom Staate allein geltend gemachte Tyrannei, der protestantische Staat hat nur das Verdienst ein richtiges Prinzip durchgeführt und zur allgemeinen Anerkennung gebracht zu haben, dessen Einführung bis dahin innerhalb der alten Kirche wohl gewünscht und einzeln versucht worden, dessen Geltung durchzusetzen aber die

alte Kirche weder einsichtig noch mächtig genug war. Die Priester=
kirche hatte es nur zu vereinzelten Vorschriften für die Erforder=
nisse einer allgemeinen Volksbildung bringen können, der protestan=
tische Staat erst gewann den rechten Willen und die nöthige Macht,
das Bedürfniß mehr und mehr zu befriedigen. Freilich hat auch
der protestantische Staat noch all zu oft sich in der Erfüllung dieser
seiner Pflicht vom rechten Wege ablenken lassen, indem er der theo=
logischen Engherzigkeit Gehör schenkte, welche die wissenschaftliche
Freiheit des höheren Unterrichts beschränkte und den unbefangenen
Fortschritt des Volksunterrichts hemmte. Durch solche falsche Rück=
sichtnahme ward der Philosoph Wolff auf Grund der Anklagen
seiner theologischen Collegen in Halle bei Strafe des Stranges des
Landes verwiesen, weil er einen freien Vergleich zwischen der chine=
sischen und christlichen Moral anzustellen gewagt hatte, wurde Kant
in Königsberg gezwungen alles Lehren und Schreiben über Religion
eine Zeit lang einzustellen, weil seine vernünftig moralische Aus=
legung der christlichen Glaubenslehren für eine Entweihung der
christlichen Wahrheit ausgegeben war, wurde Fichte in Jena seines
philosophischen Lehramtes beraubt, weil er von einer sittlichen Welt=
ordnung statt vom lieben Gotte redete. — In dieser Fügsamkeit der
Staatsregierung gegen theologische Engherzigkeit liegt ein Hauptgrund
für die zeitweilige Verkümmerung mancher theologischen Facultäten.

Dieser Abhängigkeit endlich haben wir auch die Hemmung der
Volksbildung durch die Herrschaft der preußischen Schulregulative
bis in die neueste Zeit hinein zuzuschreiben.

Unter dem Einfluß der Regulativvorschriften v. J. 1854
mußte schon der Religionsunterricht selber Gefahr laufen auf der
einen Seite mechanisch zu veräußerlichen und auf der anderen
Seite das erbauliche Element zu überspannen.

Die Urheber und Freunde der Regulative haben zwar bei Ver=
theidigung derselben wiederholt mit Recht darauf hingewiesen, wie
sehr dieselben vor dem mechanischen Auswendiglernen warnen; aber
die an das religiöse Wissen gestellten Forderungen selbst treiben
unwillkürlich zur mechanisch äußerlichen Handhabung. Wenn die
Kinder die Katechismen, das Vater Unser, einen Morgen= und
Abendsegen, ein Segens= und Dankgebet bei Mahlzeiten, das all=
gemeine Kirchengebet, dazu noch dreißig Kirchenlieder und hundert
und achtzig Bibelsprüche auswendig lernen müssen, so kann das
bei dem naturgemäß vielfach unverstandenen Inhalt des Gelernten

gar nicht anders als durch mechanisch äußerliche Einprägung bewirkt werden. Es ist keine Entschuldigung für die gestellten Forderungen, wenn die ministeriellen Vertheidiger der Regulative sagten, dreißig Kirchenlieder und höchstens hundert und achtzig Bibelsprüche seien nur deshalb gefordert worden, um dem Mißbrauch des zu viel Forderns vorzubeugen. Das Verkehrte liegt schon in der äußeren Normirung selbst. Kirchenlieder und Bibelsprüche sind von sehr verschiedener Länge, auf die zu erlernende Zahl derselben kann es schon deshalb gar nicht ankommen. Es wirft schon ein eigenthümliches Licht auf diese äußerliche Maßbestimmung, daß sie nur auf dem Gebiete des religiösen Lehrstoffes für nöthig befunden worden ist. Die Anhänger der Regulative mögen ihre gegensätzliche Absicht noch so sehr betheuern, die genannten Verkehrtheiten mußten zum mechanischen Betreiben des Religionsunterrichtes führen.

Und ebenso klar ist es, daß andere Forderungen zur Ueberspannung des Erbaulichen verleiten mußten. Dazu gehört das Hindrängen auf die Lehre von der Sünde, der Zucht, der Besserung und der Heilsordnung. Diese Lehren gehören allerdings zum christlichen Glaubensbekenntniß und können daher in einer christlich religiösen Erziehung nicht verschwiegen werden; aber sie gehören unstreitig zu den Lehren, deren Verständniß erst bei einer reicheren Lebenserfahrung aufgehen kann. Es deutet daher auf eine pädagogische und religiöse Verirrung hin, wenn gerade diese Lehren in den Vordergrund des Jugendunterrichtes gedrängt werden. Zur erbaulichen Ueberspannung verleitet auch die Forderung des dritten Regulativs, ein Christenkind solle die biblische Geschichte an und in sich erleben. Buchstäblich allerdings wird diese Forderung schwerlich zu nehmen sein, es möchte doch kaum rathsam sein, einem Kinde die Erzählung von Joseph's Versuchung, von David's und Salomo's unedlen Gelüsten so lebendig vorzutragen, daß es diese Geschichten an und in sich erlebe. Die Forderung kann schwerlich meinen, die Kinder sollten angehalten werden, alle ihnen zum Theil recht fremdartigen Gefühle und Gedanken der in den biblischen Geschichten handelnden Personen nachzuempfinden. Im Grunde kann wohl nur gefordert sein, die biblische Geschichte solle den Kindern so erzählt werden, daß ihnen aus dem Zusammenhang die leitende Fürsorge Gottes fühlbar werde. Das läßt sich noch hören, aber dennoch behält diese Mahnung zum Hinweis auf die Thatsachen der göttlichen Erziehung der Menschheit eine bedenkliche Verlockung zur Ueberspannung der erbaulichen Seite des Religionsunterrichts. Allzu leicht greift die menschliche Deutung fehl in der Aufdeckung göttlicher Weltabsichten, und leichter geschieht dies, je enger die Grenze des überschauten Weltbildes ist. Um den Glauben an eine göttliche Weltleitung zu stärken, thut man besser die großen Züge der allgemeinen Weltgeschichte ohne viel deutende Worte für sich selbst reden zu lassen. Gerade diese Lehre der Weltgeschichte aber beschneiden ja die Regulative kümmerlich für den Volksschulunterricht.

Es führt uns das zum wichtigsten Uebel derselben, zur engherzigen Beschränkung des weltlichen Unterrichts überhaupt, wie dieselbe zu Tage tritt in der ängstlichen Zusammenschrumpfung der allgemeinen Weltgeschichte auf biblische und vaterländische Geschichte, in der kargen Anknüpfung alles Mittheilenswerthen aus dem Gebiete der Natur- und Menschenwelt an die Lektüre des einfachen Lesebuches, in der ängstlichen Zumessung der tauglichen Stücke unserer deutschen Classiker für die Volksschul-Seminaristen bei massenhafter Empfehlung unbedeutender Erzeugnisse frommer Schriftsteller unserer Tage, in der thörichten Beschränkung des Unterrichts in der Pädagogik auf etwas Schulkunde mit der seltsamen Rechtfertigung, daß „die Lehre von der Sünde, menschlicher Hülfsbedürftigkeit, von dem Gesetze, der göttlichen Erlösung und Heiligung" die für Seminaristen beste Pädagogik sei, „welche zu ihrer Anwendung für den Elementarlehrer nur einiger Hülfssätze aus der Anthropologie und Psychologie bedürfe".

Es muß einen wunderlichen Eindruck machen, wenn man die Pädagogik durch christliche Sündenlehre ersetzt, wenn die biblische Geschichte eingehend behandelt werden soll und die allgemeine Geschichte gestrichen wird, wenn man den Seminaristen Bücher über biblische Geographie, biblische Naturgeschichte und biblische Alterthümer empfiehlt, zweckmäßige Bücher für den Unterricht in der vaterländischen Geschichte, in der Geographie und Naturgeschichte aber kaum zu nennen weiß, wenn man ihnen zur Privatlektüre fast nur Schriftsteller zu nennen wagt, deren Name einen guten christlichen Klang zu haben scheint, wenn man die Zahl der zu lernenden Kirchenlieder sorgfältig normirt, von dem Einprägen anderer Lieder aus dem Schatze unserer deutschen Dichtung aber gar nicht redet, wenn man Zeit hat die Kinder Sonntagsevangelien und Kirchengebete auswendig lernen zu lassen, aber kaum Zeit den Unterricht in der Geschichte und Naturkunde vom Lesebuche zu trennen. Kurz alle diese Vorschriften bekunden deutlich, wie sehr die Regulative über allzu großem Eifer für die Pflege einer christlichen Jugenderziehung die rechte Sorge für die übrigen Ansprüche einer gediegenen und gesunden Volksbildung hintansetzten. Es ist gewiß nicht gut, wenn ein Volk seine Kinder ohne religiöse Unterweisung aufwachsen läßt, aber es ist ebenso wenig gut, wenn beim Unterrichte das religiöse Element mit Beeinträchtigung des übrigen Lernstoffes berücksichtigt wird. Solcher Verkümmerung unserer Volksbildung Vorschub geleistet zu haben, das ist die wesentliche Schuld der Regulative. Und an der Herrschaft dieses Geistes war nichts Anderes schuld, als der Einfluß einer engherzigen Glaubensrichtung innerhalb unserer evangelischen Kirche auf unsere Staatsregierung.

Noch in höherem Grade hemmend für den freien Fortschritt der Volksbildung hat sich der Einfluß der katholischen Kirche auf das Schulwesen erwiesen und zwar besonders deshalb, weil der Geist des 1540 vom Papste bestätigten Jesuitenordens mehr und mehr in Kirche und Schule die Oberhand gewann.

Der Herausgeber des 1833—36 erschienenen sogenannten Landshuter Lehrplans der Societät Jesu behauptet freilich, von allen religiösen Orden zeichne sich einer ganz besonders aus in der großen Sache der Schule und der Erziehung, das sei die Societät Jesu. Und selbst gegnerische Männer wie der Lordkanzler Bacon und der evangelische Rector Sturm zu Straßburg haben beim Aufkommen der Jesuiten gerade ihre Schulthätigkeit rühmend anerkannt. „Was die Pädagogik anlangt — sagt Bacon — so wäre es am kürzesten zu erklären: nimm an den Schulen der Jesuiten ein Beispiel, denn bessere existiren nicht."

Wie stimmt nun solches Lob zu dem ausgesprochenen Tadel? oder wie sollen wir entscheiden zwischen Lob und Tadel? Es verlohnt sich wohl gerade jetzt dieser Frage nachzugehen, wo der Staat sich zur Abwehr des Jesuitengeistes genöthigt glaubte. Werfen wir daher einmal einen Blick in die Jesuitenerziehung.

Der älteste Lehrplan der Jesuiten ist im J. 1588 von sechs Vätern des Ordens entworfen, dann zehn Jahre lang geprüft und endlich 1599 unter dem General Aquaviva als ratio studiorum publicirt worden. Zweihundert Jahre lang ist dieser Lehrplan unverändert geblieben, erst 1834 unter dem General Roothaan sind einige geringe Veränderungen zur Befriedigung einiger realistischen Zeitforderungen zugelassen worden. Der alte Lehrplan ist also im Wesentlichen maßgebend geblieben für die Jesuitenschulen. Seine Vorschriften bieten uns den nächsten Anhalt zum Verständniß des den Jesuitenschulen gespendeten Lobes.

Nach dem Lehrplan sollten auch die Jesuitenschulen wie überhaupt die damaligen Gymnasien ein großes Gewicht auf die Pflege der lateinischen Sprache legen, aber die Jesuitenschulen sollten sich doch hüten vor der damals üblichen völligen Zurücksetzung der Muttersprache. In den drei unteren Classen sollte beim Unterrichte in den Realien so wie beim Schreibunterrichte die Muttersprache gebraucht werden. Auch sollten die Jesuitenschulen sich nicht einseitig auf die Pflege der lateinischen Sprachkunde beschränken, unter dem Namen der Erudition sollten auch reale Kenntnisse aus dem Gebiete der Geschichte, Geographie und Physik mitgetheilt werden. — Maßvoll und verständig sind auch die Vorschriften des Lehrplans für den Religionsunterricht. Nur einmal wöchentlich soll in der christlichen Lehre unterrichtet, nur am Samstage während einer halben Stunde das Evangelium erklärt werden. Es wird festgehalten, daß Religion nicht Wissen sei, sondern andächtiges frommes Leben. Es wird daher Gewicht gelegt auf Andachtsübungen, aber auch hier wird ganz verständig vor dem Uebermaß, das Ueberdruß schaffe, gewarnt. Ebenso verständig klingen die Grundsätze der Schuldisciplin. „Dem Magister — heißt es im 7. Art. des VI. Hauptstückes — muß es eine unzweifelhafte Sache sein, daß man Jünglinge mehr sanft und gütig als strenge und hart halten müsse." Körperliche Züchtigungen sollen nur äußerst selten angewendet werden. Die Lehrer sollen durch Belohnungen, durch Hoffnung auf Ehre und Lohn mehr zu wirken suchen, als durch Furcht vor Schande und durch Strafe. Auch auf den äußeren Anstand, auf Urbanität sollte in den Jesuitenschulen mehr Sorgfalt verwendet werden. — Im Hinblick auf diese Grundsätze können wir wohl verstehen, warum die Jesuitenschulen anfangs selbst Lob bei den Gegnern ihres Ordens ernbteten.

Die Kehrseite der Medaille zeigt nur, wie wenig gleich von Anfang an Theorie und Praxis an diesen Schulen stimmte.

Schon früh wird von Jesuiten selbst über die Vernachlässigung der Humanitätsstudien geklagt. So beklagte schon im 16. Jahrhundert der P. Pontan, der erste Studienpräfect und Professor der Poesie und Rhetorik am Augsburger Colleg, den tief gesunkenen Zustand der jesuitischen Humanitätsschule. Die Hauptschuld davon trage die Unweisheit der Oberen, welche bei dem Candidaten anstatt auf Talente und Fähigkeiten zu sehen, nur ein sanftes Naturell, Frömmigkeit und Tugend suchten. Es werde auf die Humanitätsstudien zu geringe Zeit verwendet, der junge Geistliche verwende darauf nach dem Noviziat kaum ein Jahr. — Man versuchte eine Besserung schon unter dem General Aquaviva; — mit wie geringem Erfolg, das bezeugt uns das Urtheil des Jesuiten Mariana, der zu Anfang des 17. Jahrhunderts ein Werk über die Irrthümer der Societät Jesu schrieb. „Die Jesuiten — so lesen wir daselbst — haben es übernommen, der Jugend in Humanioren Unterricht zu geben. Aber die, so hier zwar, drei Jahre lang als Lehrer auftreten, sind meistens solche, die selbst weder Humanioren verstehen, noch Lust haben zu lernen. Ihre Schüler fassen also nur Solöcismen (Sprachfehler) und Barbarismen bei ihnen auf, die sie nachher nicht mehr ablegen können. Daß in Spanien eine so große Barbarei herrscht, daran liegt die Schuld an der jesuitischen Lehrart; wüßten die Leute recht, welch' ein großer Schaden dadurch verursacht werde, man würde uns Jesuiten durch ein eigentliches Gesetz des Staates aus den Schulen jagen." — So urtheilte damals ein Jesuit über den Ruhm der Jesuiten als Humanitätslehrer. Auch in unserer Zeit noch, in den vierziger Jahren dieses Jahrhunderts, haben selbst die historisch-politischen Blätter noch die geringe Sorgfalt getadelt, welche in den Jesuitenschulen auf die Pflege der griechischen Sprache verwendet werde.

Nicht besser steht es thatsächlich mit der Pflege der Muttersprache. Der Exjesuit Cornova gesteht, von den Jesuitenschülern seiner Jugendzeit hätten „absolvirte Humanisten, unter ihnen selbst Hausinformatoren, wenn sie ihren Eltern einen Brief schreiben wollten, zu Kaufmannsdienern ihre Zuflucht" genommen. Auch die historisch-politischen Blätter rügten noch in unserer Zeit die ungenügende Bekanntschaft der Jesuitenschüler mit den Classikern unserer deutschen Literatur.

Schlimmer noch hat es alle Zeit mit dem Geschichtsunterricht ausgesehen. Der Art. 9 des V. Hauptstückes des Lehrplans empfiehlt für die historischen Mittheilungen eine zweckmäßige Auswahl von Beispielen aus der Geschichte und den Sitten der Völker, aber diese Auswahl möge sparsam und der Fassungskraft der Schüler entsprechend sein. Thatsächlich ist diese Auswahl äußerst dürftig und gehässig gegen fremde Religionsgenossen ausgefallen. Im vorigen Jahrhundert waren in den Jesuitenschulen die 1761 zu Constanz erschienenen historischen Rudimente als Lehrbuch im Gebrauch. Dies Werk behandelte noch ganz altväterisch und rein kirchenhistorisch in sechs Abschnitten: die heilige Geschichte, die vier Monarchien, die römisch-christlichen Kaiser, die Reiche und Staaten des Erdkreises, eine Epitome der Kirchengeschichte. — In welchem Geiste dieses Buch Geschichte darstellte, das mag folgende Aeußerung über Luther zeigen. „Im J. 1521 — so lesen wir daselbst — hat Kaiser Carolus V auf dem Reichstag zu Worms, um das vom Papst gefällte Urtheil zu vollziehen, mit Beistimmung der übrigen Reichsstände den Luther als einen, der kein Mensch, sondern der Teufel in menschlicher Gestalt, welcher zum Verderben des menschlichen Geschlechts den Unflat und Kehrrath der vorlängst verworfenen Ketzereien gleichsam in ein Schindgrub zusammen geschüttet und unter dem Namen der evangelischen Bekenntniß allen Frieden und evangelische Liebe zu zerstören und gänzlich zu vertilgen sich bemüht, in die Reichsacht erklärt und dessen als eines verstockesten Ketzers pestilenzische Schriften und Bücher öffentlich zu verbrennen befohlen."

Niemand wird natürlich von einem katholischen Geschichtslehrer fordern dürfen, daß er Luther's Schritt rundweg billigt, aber von einem jeden gebildeten Katholiken, geschweige denn von einem Geschichtslehrer, darf man erwarten, daß er überhaupt und vor Allem beim historischen Jugendunterricht vermeide, eine jedenfalls bedeutungsvoll gewordene Zeitbewegung des eigenen Volkes also zu beschimpfen wie es in der angeführten Stelle des jesuitischen Lehrbuchs geschieht. Wer dies thut, zeigt einen tiefen Mangel geschichtlichen Sinnes und sittlicher Bildung. Und solchen nach diesen Geschichtsrudimenten gegebenen Unterricht nennt der Herausgeber des Landshuter Lehrplans einen rühmlichen Unterricht und verlangt auch für die Jetztzeit die Wiedereinführung dieses niemals zulässigen und gottlob jetzt ganz veralteten Lehrbuches der Geschichte! Freilich hat dieser Mann eine äußerst geringe Meinung von dem Werthe des Geschichtsunterrichts überhaupt, denn er preist die ratio studiorum, daß sie von einem geschichtlichen Unterrichte im eigentlichen Sinne des Wortes ebenso wenig redet wie von Erlernung der Geographie. Das Geschichtsstudium „führe und bringe wahrlich zum Verderben." — Wie dürftig denn auch wirklich in den von Jesuiten abhängigen Schulen der Geschichtsunterricht gehandhabt wurde, das haben auch Andere bezeugt. So berichtet z. B. Bucher in seinen Beiträgen zu einer Schul- und Erziehungsgeschichte in Bayern, man habe in den Schulen nur die chronologische Reihenfolge der Könige von Israel, der alten Richter, der römischen Kaiser und der Päpste, außerdem einige Curiosa aus der römischen, griechischen und biblischen Geschichte und verschiedene Mährchen aus den Lehrbüchern des P. Dufrène gelernt. Die Jämmerlichkeit solchen Unterrichts paßt zu der ausgesprochenen Scheu vor dem Studium der Wissenschaft, die wie keine andere Licht bringt in Regionen, welche Jesuitenweisheit dunkel zu erhalten wünschen muß.

Daß ferner die Jesuitenschulen zurückblieben in der Förderung der mathematischen und physischen Studien ist ja durch die erst im J. 1832 vorgenommenen Modificationen des Lehrplans schon anerkannt.

Auch beim Religionsunterrichte stellte sich bald die nachtheiligste Verkehrung der lobenswerthen Grundsätze des Lehrplans ein. Es war recht schön hervorzuheben, daß Religion nicht Wissen sei, und davor zu warnen, die religiöse Unterweisung nicht dadurch zu entweihen, daß man die Religion als gewöhnliches Lehrobject behandle. Es war gut, das Maßhalten im religiösen Unterricht zu empfehlen, und mehr Gewicht auf die Pflege des religiösen Lebens zu legen. Aber man kann auch nach dieser letzteren Seite hin zu viel thun. Die ratio warnte zwar auch hier vor dem Uebermaß, das Ueberdruß erzeuge. Aber die Jesuitenschulen wußten gar bald die rechte Grenze nicht mehr zu finden für die Andachtsübungen. Die vermeintliche Pflege des religiösen Lebens überwucherte bald die religiöse Unterweisung und es kann ja auch der religiöse Glaube gefälscht werden, wenn das Element des Denkens und Wissens allzu sehr vernachlässigt bleibt.

Ebenso in's Schlechte verkehrt wurden bald die guten Grundsätze der jesuitischen Schuldisciplin. Es war recht verständig zu fordern, daß auf Lob und Lohn mehr gehalten werden solle als auf Tadel und Strafe; aber man konnte auch durch übertriebene Anstachelung des Ehrgeizes, durch Entwickelung eines ganzen Systems abgestufter Prämien und Ehren das sittliche Pflichtbewußtsein der Schüler verderben. Die Jesuitenschulen und die ganze Schuldisciplin vieler von ihrem Geiste abhängigen anderen Ordensschulen, namentlich in Frankreich sind diesem pädagogischen Unheil in hohem Grade verfallen. — Vor Allem verderblich aber hat sich sittlich das Heranziehen der Schüler zur Aufrechthaltung der Schuldisciplin erwiesen. Die vorgeschriebene Angeberei hat einen gehässigen Geist wechselseitiger Ueberwachung, den unsittlichen Geist gemeiner Spionage groß gezogen.

Diese geschilderten Mängel nun hat das Schulsystem der Jesuiten in der Praxis von Anbeginn an gehabt und diese Mängel sind mit der Zeit nicht verbessert, sondern durch den völligen Stillstand des Systems vergrößert worden.

Der Herausgeber des Landshuter Lehrplans von 1832 schreibt: „Siehe da, der gleiche Titel, den auch der vor fast zwei Jahrhunderten erschienene Studienplan der Jesuiten führt. Und fürwahr, er nennt sich nicht nur gleichen Namens, sondern er ist des nämlichen Inhalts und variirt nur in wenigen mehr zufälligen Dingen, auf welche der Drang und die Bedürfnisse der Zeit Rücksicht zu nehmen nöthigen." — Dasselbe Lob ertheilte der P. Roothaan dem Lehrplan.

Für jeden Unbefangenen ist dieses Lob der größte Tadel. Was für ewige Wahrheiten ein Lob ist, die Unveränderlichkeit, ist es nicht für die weltlichen Erkenntnißgebiete. Hier bedeutet Stillstand so viel wie Rückschritt. Was vor zweihundert Jahren richtig oder erträglich war, ist es eben deshalb heute in unveränderter Gestalt nicht mehr. Schon die Stabilität des jesuitischen Erziehungssystems ist seine klarste Verurtheilung.

Und können denn auch nur die Jesuiten selbst stolz sein auf die Früchte ihrer Erziehung? Was für Leute sind denn hervorgegangen aus ihren Schulen? — Allerdings Cartesius, Molière, Rousseau, Voltaire besuchten Jesuitenschulen. — Wollen die Jesuiten stolz sein auf diese abtrünnigen Schüler? — Wir Anderen erkennen gerade aus ihrem Abfall klar, daß diese Männer in der jesuitischen Gebundenheit die Freiheit schätzen lernten, sehen aber auch, daß manche von ihnen nun auch die rechte Zügelung der Freiheit nicht gelernt hatten. Ohne Zweifel werden die Jesuitenfreunde eine Anzahl tüchtiger Jesuiten anführen wollen, welche Kunst und Wissenschaft gefördert haben. Das Recht dazu bestreite ich nicht, aber ich meine doch, wenn man die fünf Bände Bibliographie des Jesuitenordens, welche die beiden Belgier de Backer herausgegeben haben, ansieht, so drängt sich lebhaft die Ueber=

zeugung auf, daß die Jesuiten zwar viele Bücher geschrieben haben, aber doch verhältnißmäßig sehr wenige von bedeutendem, die Wissenschaften schöpferisch vorwärts treibendem Werthe.

Wie sehr Wissenschaft und Volksbildung überhaupt unter dem Einfluß des jesuitischen Unterrichtsgeistes gelitten haben, das bezeugt die Geschichte des Schulwesens überall. Prag, Wien, Heidelberg, Freiburg waren blühende Universitäten; als die Jesuiten einzogen, hat die Wissenschaft dort mehrere Jahrhunderte hindurch brach gelegen. Die österreichischen Gymnasien haben bis zum Jahre 1849 unter dieser Herrschaft gelitten und sind in ihren Leistungen wesentlich zurückgeblieben. Das katholische Volksschulwesen ist von den Jesuiten unmittelbar weniger beeinflußt, aber mittelbar nicht weniger benachtheiligt worden durch den Einfluß, den dieselben mehr und mehr auf die Bildung der die Volksschule leitenden Geistlichkeit gewonnen haben.

Der Geist dieser jesuitisch zugeschnittenen geistlichen Vorbildung ist nachgerade ein Hohn auf die gerechten Ansprüche wissenschaftlicher Vorbildung in unserer Zeit geworden.

Die höchste Bildungsanstalt der Jesuiten ist das Collegium germanicum zu Rom. Wie es dort zugeht, hat uns ein ehemaliger Jesuitenzögling in seinen 1862 herausgegebenen Erinnerungen lebhaft geschildert. Selbst das Bibelstudium der dort vorgebildeten Theologen bleibt auf einem wissenschaftlich äußerst dürftigen Standpunkt. Erst im dritten Studienjahre wurde in wöchentlich zwei Stunden die Erklärung einzelner Abschnitte der heiligen Schrift vorgenommen, zu einer zusammenhängenden Auslegung und Erklärung kam es nie. Das Studium der hebräischen Sprache wurde in so geringem Grade gepflegt, daß die Befähigung zu einem wissenschaftlichen Verständniß des alten Testamentes dadurch nicht gewonnen werden konnte. „So retteten — schreibt das genannte Buch — die Jesuiten wie alle ultramontanen Theologen in diesem Punkte den Schein und ließen der römischen Kirche nicht vorwerfen, daß sie das Lesen der heiligen Schrift unbedingt verbiete." — Nicht minder dürftig war das Studium der Kirchengeschichte; die Philosophie wurde ganz scholastisch vorgetragen. Aller übrige Bildungsstoff wurde den Zöglingen geflissentlich fern gehalten. „Wie die Jesuiten uns im Fachstudium sehr einfache Kost vorsetzten — sagt der ehemalige Zögling — so waren sie auch bemüht, uns in anderen Zweigen der Literatur von Allem abgeschlossen zu halten.

Es gab weder deutsche noch italienische Classiker zu lesen, die Werke der vaterländischen blieben uns verschlossen; die in den Akademien vorkommende Lectüre hatte stets eine religiöse Färbung." So gut wie abgesperrt blieben sie auch von der Kenntnißnahme der politischen Zeitbewegung. Dann und wann einmal wurde während der Recreationszeit ein Exemplar der Augsburger Postzeitung, der historisch=politischen Blätter oder des Münsterschen Sonntagsblattes herumgegeben. Der Verfasser der genannten Erinnerungen hat während seiner ganzen Studienzeit nicht dreimal eine dieser Zeitungen in der Hand gehabt.

Nach anderen Mittheilungen zu urtheilen, die mir von einem gewesenen Zöglinge des Priesterseminars zu Fulda gemacht sind, muß auch hier schon unter jesuitischem Einfluß die theologische Vorbildung ähnlich verkümmert sein. Das dort gebrauchte Lehrbuch der Philosophie, die Institutiones philosophicae des Jesuiten Tongiorgi, habe ich vor Augen gehabt, und mich selbst von der veralteten Scholastik und der sophistischen Verdrehung der Ansichten neuerer Philosophen in diesem Buche überzeugt. Ueber die Vernachlässigung der biblischen Sprachwissenschaften klagte mein Gewährsmann sehr. Aengstlich wurde bei der Bibelerklärung jede Berücksichtigung der wissenschaftlichen Werke eines Ketzers fern gehalten. Als einmal ein Zögling sich das bedeutende Buch eines protestantischen Theologen über die Genesis verschafft hatte, wurde das Buch kurzweg confiscirt mit dem vulgären Bedeuten, man setze sich keine Läuse in den Pelz. Nicht minder abschließend verhielt sich das Seminar gegen die deutsche Literatur. Mein Gewährsmann hatte sich einmal Vilmar's deutsche Literaturgeschichte und einige Schriften deutscher Classiker von Hause kommen lassen; die Bücher wurden ihm nicht ausgehändigt, erst bei seinem Austritt aus dem Seminar erhielt er dieselben zurück. Von der Politik erfuhren die Zöglinge nur so viel, als der Regens auf den Spaziergängen für gut befand ihnen zu erzählen. Nur dann und wann bekamen sie wohl ein Blatt der Kölnischen Volkszeitung zu sehen.

Daß bei solcher Beschränkung die wissenschaftliche Vorbildung der katholischen Theologen verkümmern muß, steht doch wohl außer Frage. Aber schwerer noch wiegt die sittliche Verderbniß der Gesinnung, zu welcher die in diesen Anstalten gelehrte jesuitische Moral führt.

So lange noch die Ohrenbeichte besteht, mag auch für den

katholischen Beichtvater die moralische Casuistik nothwendig sein. Es muß so zu sagen sein sittliches Urtheil an allerlei erdenkbaren Fällen auf die Probe gestellt werden; aber das Ende des Urtheils dürfte doch immer nur in der richtigen Einigung von christlich milder Berücksichtigung der verleitenden persönlichen Umstände und entschiedener Strenge im Festhalten der sittlichen Grundsätze gesucht werden. Statt dessen begegnen wir in der Jesuitenmoral dem verderblichsten Probabilismus, dessen zweifelhafte Entscheidungen zwischen allenfalls Erlaubtem und nicht mehr Erlaubtem, zwischen kleinen, größeren und großen Sünden zu einer sittlichen Begriffsverwirrung führen müssen, bei welcher das strenge Pflichtbewußtsein seine Kraft und seine Würde einbüßt.

Der gedachte Jesuitenzögling hebt dies selbst hervor. „Nach der Lehre des Probabilismus — schreibt er — ist es dem Priester erlaubt, seine Entscheidung nach einer von erprobten Kirchenlehrern vorgetragenen Sentenz zu treffen, wenn ihm diese Entscheidung nur probabel dünkt, obgleich eine andere Entscheidung aus sittlichen Gründen probabler sein könnte. Ein solcher maßgebender Kirchenlehrer ist vor allen Dingen der heilige Alphonsus von Liguori, dessen sämmtliche Entscheidungen die Approbation des römischen Stuhls für sich haben. Ich will zur Verdeutlichung des Gesagten ein Beispiel anführen. A schmuggelt für seinen Bedarf ein unerhebliches Quantum Waaren über die Grenze. Frage: Ist A von dem Beichtvater anzuhalten, den der Steuerkasse zugefügten Schaden auf irgend eine Weise zu ersetzen? Antwort: Sententia probabilior: ja, denn er ist im Gewissen gehalten, sich den bestehenden Landesgesetzen zu fügen, und die Schrift sagt: Gebet Schoß, dem Schoß gebühret u. s. w. Sententia probabilis, für die sich der Beichtvater also auch entscheiden kann: nein, denn obschon A sündigt, wenn er die Steuerbeamten etwa belügen oder gar bestechen sollte, so ist doch ein solches Einschmuggeln selbst nicht als ein zum Ersatz verpflichtender Betrug der Steuerkasse anzusehen, denn es läßt sich nicht denken, jemand, der, ohne ertappt zu werden, eine Kleinigkeit einschmuggelt, sei hinterher gesetzlich verpflichtet, den der Steuerkasse verursachten Schaden zu ersetzen."

Mit Recht bemerkt unser Berichterstatter dazu: „daß bei solcher casuistischen Behandlung der Moral man leicht dahin geräth, den Weg der einfachen Rechtlichkeit aus Liebe zu allerhand Spitzfindigkeiten bei seinen Entscheidungen zu verlassen, ist einleuchtend."

Ich weiß wohl, daß im gewöhnlichen Leben sich Manche kein Gewissen daraus machen eine Kleinigkeit zu schmuggeln; es fehlt eben noch an dem sittlichen Bewußtsein, das eine dem Staatsvermögen zugefügte Beeinträchtigung ebenso sehr verwirft wie den am Privatvermögen geübten Diebstahl. Wenn aber im Beichtstuhl solcher Gewissensfall vorgelegt wird, dann sollte doch am heiligen Ort einzig und allein die Stimme eines heiligen Bewußtseins zum Ausdruck kommen, die das Unrecht nicht blos leise mißbilligt und eine Sühne nicht fordert. Unterbleibt ein solches strenges Urtheil an diesem Orte, so wird das Volk denken, ein bischen Schmuggeln ist doch wohl eine so große Sünde nicht. Wird das Schmuggeln nur hernach gebeichtet und der Verweis dafür hingenommen, so ist Alles wieder in bester Ordnung.

Zu einer solchen laxen Moral verleitet in hohem Grade die Casuistik der verbreiteten Moraltheologie des Jesuitenpater Gury, die von J. G. Wesselack, einem Priester der Diöcese Regensburg, in's Deutsche übertragen und in dieser Uebersetzung 1869 zu Regensburg bereits in zweiter Auflage erschienen ist.

Der Leser muß verzeihen, wenn ich in wörtlicher Anführung aus diesem mir vorliegenden Buche Dinge zur Sprache bringe, die ich sonst Anstand nehmen würde zu berühren, aber es hilft hier kein Wegsehen, es kommt darauf an, die Verwerflichkeit dieser Beichtstuhl-Casuistik klar und deutlich zu erkennen.

Da lesen wir denn in dem Kapitel von der Mitwirkung §. 250. S. 117 folgendes:

2. Frage. „Darf ein Diener aus Furcht vor dem Tode oder vor Verstümmelung seinen Herrn auf seine Schultern hinaufsteigen lassen, um in ein Haus oder sonst irgend wohin zu gelangen um dort Unzucht zu treiben?

Antwort: Ja, nach der wahrscheinlichen Meinung, weil er nicht eine an sich schlechte Handlung setzt.

3. Frage. Darf ein Diener einer Buhlerin die Hausthüre öffnen?

Antwort: Ja, nach der gewöhnlichen Meinung, wenn, falls er selbst nicht öffnet, ein Anderer da wäre, der öffnen würde.

Dieser Umstand macht nämlich die Mitwirkung zu einer hinlänglich entfernten.

Mehrere behaupten jedoch, es sei in jedem Falle verboten, einer Buhlerin die Thüre zu öffnen, und stützen sich dabei auf die ein und fünfzigste, von Innocenz XI verworfene Proposition, welche also lautet: Ein Diener, welcher durch Unterstellung seiner Schultern seinem Herrn wissentlich unterstützt durch ein Fenster zu steigen, um eine Jungfrau zu schänden, und demselben oft dient, sei es durch Darreichen einer Leiter oder durch Oeffnen einer Thür oder durch irgend eine ähnliche Mitwirkung, sündigt nicht tödtlich, wenn er dies thun sollte aus Furcht vor einem beträchtlichen Schaden, sei es daß er vom Herrn schlecht behandelt, daß er mit Unwillen angesehen, daß er aus dem Hause gejagt werde. — Aber offenbar müssen die Worte „durch Oeffnen einer Thüre" von der gewaltsamen Oeffnung eines fremden Hauses verstanden werden, wie aus dem Zusammenhang erhellt.

251. 5. Frage. Ist es dem Diener erlaubt, Geschenke an eine Buhlerin zu überbringen?

Antwort: Nein, wenigstens wenn nicht eine sehr wichtige Ursache vorhanden ist, weil dies die nächste Mitwirkung ist, wo diese Geschenke geeignet sind, die Sinnenlust zu nähren und zu unterhalten. Das ist allgemeine Meinung. — Ja der heilige Alphons hält dies für böse an sich, während aber Andere der wahrscheinlicheren Meinung nach diesem doch widersprechen.

6. Frage. Ist es einem Diener erlaubt, Liebesbriefe an die Concubine seines Herrn zu überbringen?

Antwort: Nein, wenn nicht eine sehr wichtige Ursache vorhanden ist. Ja, nach dem heiligen Alphons ist es niemals, auch aus einer höchst wichtigen Ursache nicht erlaubt, weil dieses, wie er sagt, in sich schlecht ist; Vogler aber und Andere lehren das Gegentheil, und vielleicht mit mehr Recht, wenn nicht anzunehmen ist, daß der Diener formell zur Sünde einlade. Enthalten aber die Briefe blos Zeichen der Höflichkeit, sagt der heilige Alphons, so genügt zur Entschuldigung des Dieners nicht das Dienstverhältniß allein, es muß außerdem eine gerechte Ursache vorliegen."

Wenn ein Priester und gar ein heiliger Priester solche unheilige Dinge seinem Nachdenken unterwirft, so sollte er doch keinesfalls zwischen zweideutigen Wenns und Vielleichts hin und her räsonniren.

Auf alle diese Fragen dürfte es für den sittlich fühlenden Geistlichen nur eine Antwort geben, natürlich die, daß von einem Diener, der von seinem Herrn zu solchen unsittlichen Dienstleistungen angehalten wird, eine unbedingte Weigerung und eine sofortige Kündigung des Dienstverhältnisses zu erwarten sei. Es heißt mit dem sittlichen Urtheil freventlich scherzen, wenn in solchen Verhältnissen noch unterschieden werden soll, ob die an die Concubine gerichteten Liebesbriefe geradezu zur Sünde auffordern oder nur Zeichen der Höflichkeit enthalten. Ohnedies würde ja nur ein neues Unrecht, die Eröffnung des Briefes, den Diener in den Stand setzen, diese seltsame Unterscheidung der gar nicht und der vielleicht zu entschuldigenden Liebesbriefe vorzunehmen.

Ganz ebenso begriffsverwirrend muß im Kapitel vom Diebstahl die S. 283. §. 607 vorgenommene Abschätzung der Sündenschwere je nach der Höhe der gestohlenen Summe im Verhältniß zum Reichthum des Bestohlenen wirken. Es handelt sich darum die Frage zu beantworten, welche Materie beim Diebstahl als eine bedeutende gilt. Darauf wird die Antwort ertheilt:

„Zu einer relativ schweren Materie scheint aber (mit Berücksichtigung der vorzüglichsten Orte Europas und der gegenwärtigen Zeitverhältnisse) erforderlich zu sein: 1) Ungefähr 1 Francs in Bezug auf Arme, ja nicht selten auch noch weniger nach dem Grade ihrer Noth; 2) ungefähr 2 bis 3 Francs in Bezug auf Tagelöhner, welche durch tägliche Arbeit sich ihren Lebensunterhalt verdienen; 3) ungefähr 4 bis 5 Francs in Bezug auf mittelmäßig reiche Personen; 4) ungefähr 6 bis 7 Francs in Bezug auf gewöhnliche Reiche; 5) endlich ist niemals von einer schweren Sünde zu entschuldigen, wer 10 bis 12 Francs stiehlt, wenn auch sehr reichen Leuten, ja selbst Fürsten. Das ist die gewöhnliche Meinung. Nach Mehreren sind 20 Francs erforderlich.

Man bedenke aber, daß diese eben angegebenen Grenzen nur moralisch zu nehmen seien, die letzte Bestimmung, deren Betrag man nie ohne eine schwere Sünde überschreiten kann, ausgenommen. In der Praxis darf man bei vorkommenden Zweifeln in der Regel jene Materie nicht für eine bedeutende annehmen, welche nicht ungefähr 5 Francs beträgt. Wenn die älteren Autoren in diesem Punkte strenger verfahren, so bedenke man, daß damals das Geld, weil es seltener war, auch einen größeren Werth gehabt habe."

Was sind das Alles für clausulirte Ueberlegungen gegenüber einem offenbaren Unrecht! Diebstahl ist Diebstahl, mag die Summe relativ groß oder klein, mag die Entwendung dem Bestohlenen mehr oder minder drückend sein. An der Schwere des Unrechts selbst wird durch solche fast national-ökonomische Berücksichtigung der augenblicklichen Geldlage nichts geändert, nur kommt bei der Bestehlung eines Armen zu diesem Unrecht noch das neue Unrecht gefühlloser Rücksichtslosigkeit hinzu. Das Abschätzen der Sündenschwere nach solcher europäischen Geldscala kann im Volke nur zur Verbreitung der laxen Moral ausschlagen, die das Stehlen von wenigen Groschen nicht gerade für eine große Sünde, d. h. mit anderen Worten für eine allenfalls noch zulässige Sache hält.

Was soll man ferner von einer Moral sagen, die, wie dies hier §. 616 geschieht, sich nicht bescheidet einen Diebstahl in der äußersten Lebensnoth für entschuldbar zu erklären, sondern die rundweg einen solchen Diebstahl für keinen Diebstahl ansehen will, weil „nach dem Naturrechte Jedem zustehe, für sich selbst zu sorgen, wenn er sich in der äußersten Noth befinde. In einem solchen Falle seien alle Güter gemeinsam und wer zur Linderung seiner eigenen Noth fremde Güter nehme, mache eine wahrhaft gemeinsame Sache zu seinem Eigenthume in ähnlicher Weise, wie es vor der Gütertheilung geschah". Für einen Theologen geziemt es sich bei solcher Ueberlegung nur die feste Zuversicht auszusprechen, Gott lasse keinen sonst rechtschaffenen Menschen in eine so schlimme Lage gerathen, daß er nur durch ein solches Unrecht einen Ausweg aus der Lebensnoth zu finden im Stande sei. Nur wenn der Priester in seiner Lehre sich von diesem festen Glauben an die göttliche Gerechtigkeit beseelt zeigt, wird er das schwankende Sittenbewußtsein des Volkes stark machen, in den Stunden der Versuchung doch noch einen Ausweg des Rechtes zu suchen und zu finden.

Blättern wir weiter, so stoßen wir §. 623 auf die Frage: „Dürfen Dienstboten, welche urtheilen, daß ihr Lohn für die geleisteten Dienste zu gering sei, sich insgeheim schadlos halten?

Antwort: Nein, wenigstens im Allgemeinen nicht, dies ist die gewöhnliche Meinung. (Folgt eine Berufung auf Papst Innocenz XI. — dann aber weiter:)

Ich habe gesagt: wenigstens im Allgemeinen nicht, denn einige Gelehrte lassen Ausnahme eintreten: 1) Wenn der Dienstbote durch Gewalt oder Furcht gezwungen wird, auf einen unbilligen Lohn sich einzulassen. 2) Wenn er von der Noth gezwungen war, einen unbilligen Lohn anzunehmen. (In diesem Falle darf er sich bis zum niedrigsten Lohn schadlos halten.) Ausgenommen ist jedoch der Fall, wenn der Herr um denselben Lohn leicht auch andere Dienstboten hätte bekommen können, oder wenn er ihn blos aus Barmherzigkeit genommen hat. 3) Wenn er wider seinen

Willen mit Arbeiten überhäuft wird, zu denen er nicht verpflichtet ist.

2. Frage. Darf ein Dienstbote, der seine schuldigen Arbeiten vermehrt, sich schadlos halten?

Antw. 1. Nein, wenn er es aus eigenem Antriebe thut; denn dann nimmt man an, daß er seine Mühe vergrößere, um sich die Gunst des Herrn zu verschaffen.

Antw. 2. Ja, wenn seine Arbeiten durch den ausdrücklichen oder stillschweigenden Willen des Herrn vermehrt werden; denn dann gilt mit Recht, der Arbeiter ist seines Lohnes werth. (Welche Compensation billig sei, dies zu beurtheilen, kann man dem Dienstboten überlassen, wenn er anders gewissenhaft und klug verfährt und die Gefahr der Selbsttäuschung ferne ist, was jedoch nur selten der Fall sein wird. S. Lig. n. 524. 527.)

624. 3. Frage. Darf derjenige sich schadlos halten, welcher durch richterliches Urtheil verurtheilt wurde, eine Schuld zu bezahlen, bezüglich welcher er mit Bestimmtheit weiß, daß er sie gar nicht eingegangen oder bereits bezahlt habe?

Antw. Ja, denn das Urtheil des Richters ist ein ungerechtes, weil es eine falsche Thatsache zur Voraussetzung hat, und kann demnach im Gewissen nicht verpflichten u. s. w.

625. 4. Frage. Sündigt derjenige schwer und gegen die Gerechtigkeit, welcher sich schadlos hält, ohne zuvor den gerichtlichen Weg eingeschlagen zu haben, wenn der Rekurs an den Richter möglich war?

Antw. 1. Er sündigt an und für sich nicht gegen die Gerechtigkeit, wenn er nur seine Sache nimmt und die oben angeführten Bedingungen vorhanden sind; folglich ist er auch nicht zur Restitution verpflichtet. Denn durch diese Schadloshaltung wird die Rechtsgleichheit zwischen ihm und dem Schuldner wieder hergestellt.

Antw. 2. Er sündigt im Allgemeinen nicht schwer, weil er in der Regel durch das Abweichen vom Rechtswege kein großes Aergerniß giebt und in die Verhältnisse des öffentlichen Lebens keine Störung bringt.

Antw. 3. Er sündigt gar nicht, wenn der gerichtliche Weg viele Schwierigkeiten verursachen würde, z. B. Gefahr des Aergernisses, außerordentliche Ausgaben u. dgl., weil dann der Rekurs an den Richter moralisch unmöglich ist."

Kann ein gewissenhafter Mensch in dem Räsonnement dieser Paragraphen etwas Anderes finden als die gewissenloseste Rechtfertigung einer leider im Volke nur allzu verbreiteten unsittlichen Handlungsweise? Kann ein wahrhaft sittlich denkender Mensch die Frage nach der Erlaubniß geheimer Schadloshaltung anders als unbedingt verneinend beantworten? Wenn ein Dienstbote auf Geheiß oder doch mit stillschweigender Gutheißung des Herrn an Arbeit mehr leistet, als wozu er sich verpflichtet hat, so hat er gewiß einen Anspruch auf Lohnerhöhung, denn der Arbeiter ist allerdings seines Lohnes werth; aber diesen Anspruch darf er doch nur in offener Weise gegen seinen Herrn geltend machen und im Falle der Verweigerung der Lohnerhöhung hat er das Recht seine Arbeit wieder auf das contractliche Maß zu beschränken oder den Dienst zu kündigen, unter Umständen auf Schadloshaltung zu klagen. Heißt es aber nicht dem im Volke zu stärkenden Rechts= bewußtsein Hohn sprechen, wenn der klagbar Gewordene sich dann hinterher noch wieder über den Richterspruch soll stellen dürfen, wenn ihm nach der richterlichen Verurtheilung von seinem Beichtvater verstattet wird, unter Annahme einer falschen Auf= fassung des Thatbestandes seitens des Richters sich nun hinterher für die Einbuße doch noch wieder heimlich schadlos zu halten? — Heißt es nicht die Gewissen des Volks verderben, wenn im Beicht= stuhl die Ansicht vertreten wird, durch heimliche Schadloshaltung sündige man gar nicht, wenn der gerichtliche Weg viele Schwierig= keiten verursachen würde, und wenn dann als Schwierigkeit nichts weiter angeführt wird als die Gefahr des Aergernisses und außer= ordentliche Ausgaben? Darf ein gewissenhafter Mensch geschweige denn ein Geistlicher am heiligen Orte von solchen elenden Rück= sichten behaupten, daß sie den Rekurs an den Richter moralisch unmöglich machen? — Kann man sich noch wundern über die in Dienstverhältnissen des Volks leider nicht seltene Schwäche des Pflichtbewußtseins, wenn das die Moral ist, die das Volk bei zweifelhaften Gewissensfällen aus dem Beichtstuhl holt?

Und das ist nun die vom heiligen Vater selbst gebilligte Je= suitenmoral, die leider nicht allein an den Jesuitenschulen gelehrt wird, sondern mit welcher auch in unseren bischöflichen Priester= seminarien das Sittenbewußtsein der Geistlichen, die unser Volk leiten sollen, vergiftet wird! Und solche Moral wagten angeblich gute Katholiken in der hessischen Kammer und im deutschen Reichs= tage zu vertheidigen!

Gottlob ist diese Moral noch nicht kurzweg als eine unablösliche Folgerung des Katholicismus anzusehen, aber die Jesuiten haben redlich daran gearbeitet, daß sie dazu werde.

Das eben ist das verhängnißvolle Schicksal des Katholicismus, daß dieser mit dem wahren Christenthum ebenso sehr wie mit dem modernen Zeitbewußtsein unverträgliche Jesuitengeist in Kirche und Schule immer mehr Boden und Herrschaft gewonnen hat. Es scheint mir ungerecht, diese bedauernswerthe Entwickelung nicht blos als eine verkehrte Ueberspannung, sondern als eine nothwendige Folge des Autoritätsprinzipes der katholischen Kirche anzusehen. Es hat ja noch immer geistliche Orden gegeben, wie z. B. die Oratorianer, welche die Wissenschaft in freierem Geiste gefördert haben. Auch haben ja noch im vorigen Jahrhundert katholische Geistliche nicht gefehlt, die, wie der Abt Felbiger in Schlesien und in Oesterreich, der Kaplan Kindermann in Böhmen, für den Fortschritt der Volksbildung segensreich gewirkt haben. Diesen Männern lag in Wahrheit die Volksbildung am Herzen, nicht ihre priesterliche Herrschaft, sie nahmen daher das Gute und Nützliche auf, wo sie es fanden, und erkannten auch klar, daß sie nur mit Hülfe des Staates das Beste der Volksbildung zu fördern im Stande seien. In diesem Geiste leisteten sie den edlen Fürsten, Friedrich dem Großen, Maria Theresia und Joseph II. hülfreiche Hand in ihren Bemühungen um die Hebung des geistigen Volkswohls. Aber wir haben leider zu beklagen, daß im katholischen Klerus in Folge des wachsenden Einflusses der Jesuiten der versöhnliche und geistig geläuterte Geist solcher Männer mehr und mehr ausgestorben ist. Mit tiefem Schmerz müssen wir erleben, wie unter diesem Knechtsgeist der Jesuiten auch wissenschaftlich hervorragendere Männer ihre bessere Ueberzeugung beugen, wie die Wirksamkeit der katholisch-theologischen Facultäten unserer Universitäten zur Zeit so gut wie brach gelegt ist und wie die heranwachsende akademische Jugend ihre bis dahin verehrtesten Lehrer in Knechtsgehorsam und feiger Lebensangst verlassen hat.

So zeigt uns denn die Geschichte in Vergangenheit und Gegenwart deutlich genug, wie sehr Wissenschaft und Volksbildung unter der geistlichen Herrschaft verkümmern. Auch die Schulstatistik aller Länder bezeugt dies mit beredten Zahlen.

Im Kirchenstaat erhielten 1869 nach einer von den Pfarrgeistlichen veranstalteten Zählung 14,057 Knaben und 11,860 Mädchen Schulunterricht und doch konnte unter 100 Laien nur 1 lesen. Dabei kam auf je 33 Einwohner 1 geistliche Person. — In Spanien wurde 1869 in den Cortes nachgewiesen, daß im J. 1797, als das Land 134,000 Priester und 80,000 Mönche und Nonnen hatte, auf je 912 Köpfe erst 1 Schule kam. Der 76ste Landeseinwohner war damals Geistlicher.

Wie schlecht es in Frankreich mit der Volksbildung bisher aussah, ist bekannt. Baudouin suchte in seinem Generalbericht über den Stand des Unterrichts in Belgien, Deutschland und der Schweiz einen wesentlichen Grund für den schlechten Zustand der französischen Volksschulen darin, daß die Gemeinderäthe durch das Volksschulgesetz ermächtigt waren, die von den Gemeinden besoldeten Lehrerstellen durch Mitglieder der religiösen Ordensgesellschaften zu besetzen und daß sie von dieser Erlaubniß in Rücksicht auf die geringen Ansprüche der Ordensleute all zu starken Gebrauch machten. An den Volksschulen für Frankreich waren 3000 ungeprüfte Ordensbrüder als Lehrer und 405,000 ungeprüfte fromme Schwestern als Lehrerinnen thätig.

Ueber Belgien, wo unter dem Deckmantel der Unterrichtsfreiheit der katholische Klerus überwiegenden Einfluß auf das Schulwesen gewonnen hatte, hat Döllinger seiner Zeit in der bayerischen Akademie der Wissenschaften ein wahres Wort gesprochen. „In Belgien — sagte er — ist die Gesetzgebung über den Unterricht wie die ganze Verfassung aus einem tiefen Mißtrauen hervorgegangen, und die Entlassung des Unterrichtswesens aus dem Staatsverbande hat zu einem argen Verfall der Volksschulen, zu steigender Unwissenheit der niedern Classen, zur Verschlechterung der Mittelschulen (Gymnasien) und zu einem sich immer wieder erneuernden, mit großer Erbitterung geführten Kampfe geführt, dessen Ende noch gar nicht abzusehen ist." Nach einem 1871 erstatteten Bericht des belgischen Unterrichtsministers betrug vor drei Jahren die Zahl Derer, die nicht lesen und schreiben konnten, 33 % der Bevölkerung. Nach dem Census vom 31. December 1866 hatte Belgien eine Bevölkerung von 4,827,833 Bewohnern; von diesen wurden nur 2,279,091 als solche bezeichnet, welche genügend lesen und schreiben können, also nur 47 %, und dazu bemerkte noch die Minorität der Commission, daß dieses Lesen und Schreiben oft kaum ein Können genannt zu werden verdiente.

Auch in Deutschland sah es bis vor Kurzem in denjenigen Ländern, in welchen besonders die katholische Geistlichkeit noch den mächtigsten

Einfluß auf das Volksschulwesen hatte, mit der Volksbildung am schwächsten aus. Im Jahre 1869 konnten von 561,000 österreichischen Soldaten nur 54,000 lesen. Am niedrigsten stand es mit der Schulbildung im glaubenstreuen Tyrol; von den 10,000 Kaiserjägern, welche Tyrol stellte, konnten, die Unteroffiziere abgerechnet, nur 46 schreiben. In Bayern erwies sich 1871 die Schulbildung durchschnittlich bei $8^5/_{10}\%$ Rekruten als mangelhaft. In Mittelfranken gab es unter 1319 Rekruten 73 mit mangelhafter Schulbildung, davon kamen auf Nürnberg und Erlangen je 1, auf Eichstädt. den Sitz eines Kirchenfürsten, 11.

Ganz ähnlich verhält es sich mit den Ländern, in denen das Volksschulwesen einseitig von der protestantischen Geistlichkeit abhängt, wie z. B. in Mecklenburg. Dort hatten 1868 von 100 eingestellten Rekruten nur 15 eine hinreichende, 26 gar keine, und 59 eine mangelhafte Schulbildung.

Auch in Ländern, in denen eine freiere Bewegung möglich ist, in denen aber der Staat wenig Einfluß auf das Schulwesen besitzt, wie in England, steht es trotz aller Vereinsanstrengungen mit der Volksbildung schlecht. In Liverpool und Manchester gab es noch 1870 an 20,000 Kinder ohne Schulbildung. Gerade diese Erfahrungen haben neuerdings auch im freien England dazu geführt, durch die Schulgesetzgebung den Einfluß der Regierungsmacht zu stärken.

Kurz die Statistik beweist uns mit Zahlen, daß es überall um so besser aussieht mit der Volksbildung, je mehr sich der Staat des Schulwesens annimmt. Manier in Straßburg hat 1871 eine geographische Karte der Bildung und Unbildung in Europa veröffentlicht. Auf derselben giebt es sieben schwarz gefärbte Länder: Rußland, Polen, die Moldau, die Walachei, Spanien, Portugal, den Kirchenstaat. In Polen können durchschnittlich von 100 Menschen nur 9 lesen und schreiben; in Spanien von 100 Männern nur 35, von 100 Frauen nur 14. Auch mit der Volksbildung des erst jüngst national wiedererstandenen und von geistlichem Druck sich erst befreienden Italiens sieht es natürlich noch ziemlich gering aus. Bisher konnten dort im Durchschnitt von 100 Männern nur 32, von 100 Frauen nur 19 lesen und schreiben. Etwas lichter sieht es auf der Bildungskarte erst in England, Belgien und Frankreich aus, gut erst in der Schweiz, in Deutschland, Holland und Dänemark, also gut nur in solchen Ländern, in denen der Staat mit Nachdruck die Pflege des Schulwesens als seine Sache betrachtet. Ich denke, diese statistischen Thatsachen reden eine deutliche Sprache.

Oder muß ich noch den möglichen Einwand berücksichtigen, die Zunahme geistiger Bildung sei doch nicht ohne Weiteres ein Glück, vielmehr könne gerade sie zu einem sittlichen Unheil führen?

Diese Meinung hat allerdings noch unlängst im österreichischen Reichstage am 6. April 1869 der Professor Jäger ausgesprochen. Er besorgte, die von der Regierung erstrebte Ausbildung des Volksschulwesens möge die Zahl der Verbrechen, insbesondere auch die Zahl der unehelichen Geburten vermehren. Dieser Besorgniß konnte man nach dem statistischen Handbuch von 1865 die Thatsache entgegen stellen, daß gerade in Kärnthen, wo die Schulbildung besonders tief steht, ungewöhnlich viele uneheliche Kinder geboren werden. Auch in der bayerischen Kammer kam im Februar 1869 bei der Debatte über den Schulgesetzentwurf dieselbe Bildungsfurcht zur Sprache. Dort verwies der Abgeordnete Liebl auf Niederbayern, daß in der Statistik der Verbrechen die höchsten Ziffern aufweist, und gerade dies Niederbayern habe prächtige Kirchen und prunkende Altäre, aber schlechte Schulen und dürftige Schulhäuser.

Aehnliches wird der unbefangene Blick auf die Culturentwickelung eines jeden Volkes uns zeigen. Nur unter den ursprünglichsten einfachsten Naturverhältnissen mag Unwissenheit des Volkes vorübergehend als ein Glück erscheinen, aber kein Volk hat die Bestimmung als Menschenheerde neben den Thieren des Waldes auf dem ursprünglichen Naturzustand zu verharren. So wie aber ein Volk eintritt in die rastlos fortschreitende Culturbewegung der Menschheit, können auch in seiner Mitte ohne Beeinträchtigung des Culturfortschrittes selbst keine unüberschreitbaren Bildungsgrenzen zwischen den verschiedenen Gliedern des Volkes aufgerichtet werden, muß jede Hemmung Schaden, jede wahre Förderung Segen bringen. Bildung ist allerdings ein vieldeutiges Wort, das wie alles Gute und Schöne auf der Welt dem möglichen Mißbrauch ausgesetzt ist. Aber wahre Bildung ist der Gebrauch einer göttlichen Himmelsgabe, des vernünftigen und sittlichen Wissenstriebes, ein solcher Gebrauch muß den Geist klären, das Gemüth zum Idealen erheben und dem Willen sittliche Thatkraft verleihen. Die wahre Volksbildung ist der einzige nachhaltige Schutz gegen Rohheit und Gemeinheit.

So haben uns denn Geschichte und gegenwärtige Erfahrung deutlich gezeigt, daß das Wohl und der Fortschritt der Volksbildung nur gedeiht, wenn die Fürsorge für dieselbe nicht Kirchensache, sondern Staatsaufgabe ist.

Daß und warum dem so sein muß, können wir auch leicht durch unbefangene Vernunftüberlegung begreifen. — Schon das Himmelsinteresse der Kirche muß sie leicht hindern dem Interesse irdischen Wissens vollauf gerecht zu werden. Gerade weil das ewige Heil der Menschenseele höher steht als das zeitliche, ist es begreiflich, daß die Priester, welche jenes zu pflegen haben, über dieser wichtigsten Aufgabe leicht die Sorge für die zeitliche Wohlfahrt der Seele zu kurz kommen lassen. Aus diesem natürlichen Verhältniß ist es vollständig begreiflich, daß unter geistlicher Obhut auf die Dauer weltliche Volksbildung überall und jederzeit verkümmert. Es ist das die natürliche Folge einer begreiflichen und menschlich betrachtet verzeihlichen Einseitigkeit der Vertreter des heiligsten Interesses der Menschenseele.

Aber ebenso natürlich und begreiflich ist es, daß der irdische Bildungstrieb des Menschengeistes über diese Grenzen hinausdrängt und eine unbeschränktere, unbefangenere Förderung verlangt. Und ebenso klar wie der Kirchengeist dahin drängt, sich als Schranke dieses weiteren Bildungsstrebens zu erweisen, muß der Staatsgeist sich als Vertreter und Förderer dieser vielseitigeren Bildungsansprüche bewähren.

Die Kirche vermag überdies den Segen einer einheitlichen Volksbildung nicht mehr zu bringen, da es eben nicht mehr eine Kirche, sondern viele Kirchen giebt. Eine einheitliche Volksbildung, wie wir sie brauchen, kann nur unter dem Einfluß einer einheitlichen Macht gegeben werden. Eine solche Macht hat gegenwärtig nicht die Kirche, sondern nur der Staat.

Durch Ausübung dieser Macht einheitlicher Volksbildung hat sich der Staat sogar ein religiöses Verdienst erworben und erwirbt es noch immer. In den Kirchenschulen ist früher die religiöse Zwietracht groß gezogen; seitdem die Staatsschule die Bekenner verschiedenen Glaubens auf einer Schulbank sitzen läßt, hat unser Volk humane Duldung und Werthschätzung fremden Glaubens gelernt. So kann man sogar sagen, damit unser Volk einig und verträglich im Glauben bleibe und werde, muß der Staat die Schule leiten, nicht die Kirche.

II.

Aus der Geschichte, der noch gegenwärtig vorliegenden Erfahrung und aus der Natur der Sache suchte ich die Nothwendigkeit darzuthun, die Pflege des Schulwesens nicht als Kirchensache, sondern als Staatsrecht und Staatspflicht anzusehen.

Die Geschichte lehrte uns, daß die Kirche allerdings das Verdienst hat, die Pflege der Volksbildung zuerst angeregt und vielfach gefördert zu haben, aber die Geschichte belehrte uns auch darüber, warum dieses zeitweilige Verdienst der Kirche kein dauerndes Abhängigkeitsverhältniß der Schule von der Kirche begründen konnte. Der Segen des kirchlichen Einflusses erhob sich nie über den Charakter einer vorübergehenden und eng begränzten Förderung der Volksbildung. Eine allseitige und gleichmäßig fortschreitende Pflege der Volksbildung hat die Kirche, so lange das Schulwesen vorzugsweise von ihr abhing, in keinem Lande und zu keiner Zeit erzielt. Vielmehr hat die Kirche, je mehr weltliches Wissen fortschritt und das Bedürfniß der Volksbildung zunahm, um so häufiger diesen Fortschritt zu hemmen und dieses Bedürfniß zu schmälern gesucht. Im sauren Kampfe wider den Bann der einengenden kirchlichen Herrschaft ist es der in die freien Gebiete des Wissens mit frischem Muthe vordringenden Laienwelt unter dem wachsenden Schutze der Staatsmacht allmählig immer besser gelungen, dem geistigen Fortschritt die unerläßliche freie Bewegung zu sichern. Unter dem vorwiegend kirchlichen Einfluß ist überall und zu aller Zeit das Schulwesen in seiner Pflege weltlichen Wissens auf die Dauer zu kurz gekommen; unter dem wachsenden Einfluß der Staatsfürsorge hat es seine gegenwärtige Höhe erreicht. Will man die Kirche die Mutter der Schule nennen, so muß man doch zugeben, daß zu Mutter und Kind auch ein Vater gehörte, der Staat, und daß naturgemäß Macht und Einfluß des Vaters auf die Erziehung des Kindes zunehmen mußte, je mehr das Kind heranwuchs. Die Geschichte lehrt uns, daß nur der Staat im Stande war, ohne Zurücksetzung der religiösen Unterschiede doch eine über die religiösen Spaltungen hinausgehende einheitliche und fortschreitende Volksbildung zu sichern. Ein Blick auf den gegenwärtigen Culturzustand verschiedener Länder zeigte auch deutlich, daß es mit dem Bildungszustand der Völker überall dort besser bestellt ist, wo der Staat das Schulwesen in seine Hand genommen hat, als dort, wo es noch unter vorwiegend kirchlichem Einfluß steht.

Daß dem so sein müsse, suchten wir aus der Natur der Sache zu begreifen. Gerade weil der religiöse Glaube das heiligste Empfinden der Menschenbrust berührt, müssen Diejenigen, denen vor Allem die Pflege dieses Glaubens zur Lebensaufgabe geworden ist, gar leicht dahin kommen, dieses Glaubenselement zu überschätzen und dagegen das vielseitige Bedürfniß weltlichen Wissens zu unterschätzen, die Gebundenheit des Glaubens gegenüber der freien Beweglichkeit fortschreitenden Wissens zu überspannen. Diese einseitige Beschränkung ist in Rücksicht auf die menschliche Schwäche wohl erklärlich und verzeihlich, aber ebenso begreiflich ist es, daß der Bildungsfortschritt der Zeiten solche Schranken durchbricht und den Klagen darüber immer rücksichtsloser sein Ohr verschließt.

So also stehen wir nun heut zu Tage, wenn man uns die Frage vorlegt, wem in erster Linie fällt die Pflege des Schulwesens als Recht und Pflicht zu, der Kirche oder dem Staate, daß wir unbedingt antworten — dem Staate. Wer die Nothwendigkeit dieser Antwort nicht erkennt, den hat beschränktes Vorurtheil gehindert, sich die Lehren der Geschichte und socialen Gegenwart zu Nutze zu machen.

Es ist bedauerlich genug, daß selbst unsere hochgestellten katholischen Bischöfe zu dieser Einsicht noch nicht gekommen waren. In ihrer letzten Denkschrift vom 20. September 1873 beklagten sie die Ausbreitung der modernen Lehre vom Staate, nach welcher der Staat der höchste Träger der vom christlichen Glauben emancipirten Vernunft sein, die Verwirklichung des Vernunftreiches als seine Aufgabe betrachten solle. Sie stellten dem als höchste Aufgabe des Staates gegenüber, das Recht zu schützen und die gesellschaftliche Wohlfahrt zu fördern, und beklagten, daß der Staat nicht mehr den Schutz und die Förderung des Christenthums zu seiner höchsten Aufgabe rechnet. Rechtsschutz, Pflege der socialen Wohlfahrt und besten Falls Schutz und Förderung des Christenthums — das erschien den Bischöfen als eigentliche Aufgabe des Staates; Pflege der geistigen Volksbildung erschien ihnen demgemäß natürlich als eigenste Aufgabe der Kirche, so daß sie mit klagsamen Worten sagten, der Staat habe sich die Schule nunmehr angeeignet, obgleich nach dem religiös=kirchlichen Rechtszustand Deutschlands die Schule ein Anhängsel der Religion sein solle.

Diese bischöflichen Auslassungen bekundeten, daß die hohen Würdenträger von der Geschichte nichts gelernt hatten, daß sie ohne Selbsterkenntniß waren und ein durchaus veraltetes Staatsbewußtsein hatten.

Nicht unrechtmäßig angeeignet hat sich der Staat die Schule, sondern pflichtmäßig angenommen hat sich der Staat derselben, als die Kirche sie vernachlässigte und mehr und mehr verkommen ließ. Annehmen mußte sich der Staat der Schule, seitdem die Kirche nicht mehr eine einige Macht im Lande war, welche eine einheitliche und friedlich gemeinsame Volksbildung geben konnte. Die Religionsspaltung und der Confessionshader drängten dem Staat die Pflicht auf, seine Macht einzusetzen zur Bewahrung und Förderung einer auf dem Gebiete weltlichen Wissens von diesem Zwiespalt absehenden gemeinsamen Volks= und Menschen=Bildung. Gerade diese vom Religionshader ausgehende Nöthigung hat wesentlich dazu beigetragen die Auffassung der Staatsaufgabe hinaus zu drängen über die vorwaltende Meinung, der Staat habe nur für den Rechtsschutz und die äußere Wohlfahrt im Lande zu sorgen, und wir meinen allerdings, daß sich die Auffassung der Staatsaufgabe durch diese Aufnahme der geistigen Culturpflege gehoben und vertieft hat. Ebenso klar ist es die Schuld der Kirchenspaltung und des Confessionszwistes selbst, daß der Staat nicht mehr Schutz und Förderung des Christenthums als seine höchste Aufgabe betrachten kann. Der Staat kann seitdem naturgemäß nur noch den Schutz des religiösen Friedens, und eben deshalb nur die Gewährung religiöser Freiheit innerhalb bestimmter anerkannter Grenzen als seine Aufgabe ansehen; aber indem er diese religiöse Friedensaufgabe mit Gerechtigkeit erfüllt, trägt er mehr bei zur Förderung wahrhaft christlicher Lebensgesinnung als das pfäffische Lehrgezänk der Kirchen und Kanzeln. In diesem Sinne ist und soll allerdings der Staat die übergeordnete Macht im modernen Volksleben sein, dem kein einzelner Bestandtheil, und sei seine Bedeutung auch so hoch und heilig wie die der Religion unstreitig ist, versuchen darf sich gleichzustellen oder gar einseitig überzuordnen. Nur innerhalb des Staates kann und darf die Kirche noch ein selbstständiges religiöses Leben führen, ihr ehemaliges Anrecht auf die geistige Führung der Volksbildung hat sie durch ihre eigene innere Zwietracht, durch ihre gewissenlose Vernachlässigung oder durch ihre irrthümliche Beschränkung und Hemmung der Volksbildung längst verwirkt. Nicht der Staat hat sich ein früheres Recht und eine frühere Pflicht der Kirche angeeignet, sondern das Volk hat bei wachsendem Bildungsbedürfniß und bei steigender Vernachlässigung dieses Bedürfnisses seitens der Kirche dem Staate als dem Organ seines Gesammtwillens das Recht und die Pflicht der Fürsorge für eine alle Schichten und alle Richtungen umfassende Volksbildung übertragen.

Der Staatsregierung ist damit nicht nur ein neues Recht verliehen, sondern mit der Pflicht auch eine neue Last aufgebürdet. Das empfindet dieselbe heut zu tage gewiß an keinem Punkte deutlicher und schwerer, als in der Frage nach der Beziehung der Staatsschule zu den religiösen Anforderungen der verschiedenen Glaubensgenossen. Die mannigfachen Schwierigkeiten dieser Frage näher in's Auge zu fassen, soll nun unsere Aufgabe sein.

Ein Umblick unter den thatsächlichen Zuständen dieses Verhältnisses in verschiedenen Ländern unserer Cultur wird wohl am besten den Weg zu einigen allgemeineren Betrachtungen bahnen.

In Deutschland hat bis jetzt das vom Staate abhängige Schulwesen doch die entschiedenste Rücksicht auf die confessionellen Glaubensunterschiede der Bevölkerung genommen. Fast überall ist den Vertretern der verschiedenen Kirchen ein sehr hoher Grad von Mitwirkung bei der allgemeinen Schulaufsicht und ein fast ausschließliches Anrecht auf Leitung und Beaufsichtigung der Religionspflege zugestanden worden. Die Schulen sind zwar nicht nach dem Schülerstand, aber doch zumeist nach ihrem Stiftungscharakter und oftmals auch nach ihrem Lehrerstand confessionell gesondert geblieben. Der confessionelle Religionsunterricht erscheint gesetzlich als ein wesentlicher Bestandtheil des Gesammtunterrichts, so daß eine Befreiung von der Theilnahme an demselben gesetzlich nur Denen zusteht, die anerkannt einer anderen Religionsgemeinschaft angehören. Unter gewissen Voraussetzungen, wenn eben die Zahl der andersgläubigen Kinder groß genug ist für eine gesonderte Berücksichtigung, hat der Staat auch als seine Pflicht erkannt, dann seinerseits durch äußeren Zuschuß die religiöse Bildung dieser Minorität zu ermöglichen oder zu unterstützen.

Nach allen diesen Richtungen hin haben nun bisher die genannten Staaten zum Schutz der Confessionalität in den Schulen viel eher zu viel als zu wenig gethan, und das gegenwärtige Geschrei der Klerikalen über Benachtheiligung und Schädigung ihrer angeblich heiligen Interessen hatte seinen Anlaß nur darin, daß der Staat durch den Undank der Klerikalen belehrt endlich anfing sachgemäß einzuschränken, was er bisher in thörichter Verblendung nach der Seite der Confessionsberücksichtigung zu viel gethan hatte.

Entschieden zu weit war in dieser Berücksichtigung die Schulgesetzgebung in Oesterreich gegangen.

Das am 4. März 1849 publicirte kaiserliche Patent enthielt in seinen §§ 2 und 4 die Bestimmung, daß jede gesetzlich anerkannte Kirche und Religionsgesellschaft ihre Angelegenheit selbstständig ordne und verwalte, daß der Religionsunterricht in den Volksschulen von der betreffenden Kirche oder Religionsgesellschaft besorgt werde. Dem Episkopat erklärte das Ministerium: „Das Recht, den Religionsunterricht in den katholischen Volksschulen zu besorgen, ist der Kirche durch § 4 des Allerh. Patents vom 4. März 1849 verbürgt worden. Die Regierung Seiner Majestät ist von der Ueberzeugung durchdrungen, daß dieser Unterricht, um wirksam zu sein, und den in der Volksschule vorherrschenden Zweck der Erziehung zu fördern, nicht von dem anderweitigen Unterricht getrennt, und daß die Schule nicht zum Kampfplatz entgegengesetzter Lebensanschauungen werden darf. — Die Regierung beabsichtigt — keineswegs den Einfluß, welchen die Kirche bisher geübt hat, zu beschränken oder zu beeinträchtigen."

Es wurde ein eigenes Ministerium für den öffentlichen Unterricht eingesetzt, welches durch eine Verordnung vom 23. April 1850 die Beziehungen der katholischen Kirche zum öffentlichen Unterrichte näher bestimmte. Schon die hierbei den Geistlichen für die Unterrichtsertheilung zugestandenen Privilegien erregten starke Bedenken bei den kirchlich Liberalen. Auf einer freieren wissenschaftlichen Grundlage war noch der am 9. December 1854 sanctionirte „Entwurf zur Organisation der österreichischen Gymnasien" gearbeitet. Derselbe erregte denn aber auch ganz besonders heftige Opposition der Klerikalen gegen die freiere Entwicklung des Schulwesens, und diese Opposition gewann endlich den nöthigen Rückhalt an dem mit Rom abgeschlossenen Concordate vom 18. August 1855.

Das Concordat bestimmte in seinem Art. 5: „Der ganze Unterricht der katholischen Jugend wird in allen sowohl öffentlichen als nicht öffentlichen Schulen der Lehre der katholischen Religion angemessen sein; die Bischöfe aber werden kraft des ihnen eigenen Hirtenamtes die religiöse Erziehung der Jugend in allen öffentlichen und nicht öffentlichen Lehranstalten leiten und sorgsam darüber wachen, daß bei keinem Lehrgegenstande Etwas vorkomme, was dem katholischen Glauben und der sittlichen Reinheit zuwiderläuft." — Nach Art. 7 „wird der ganze (nur von Katholiken zu ertheilende) Unterricht nach Maßgabe des Gegenstandes dazu geeignet sein, das Gesetz des christlichen Lebens dem Herzen einzuprägen. Welche Lehrbücher in gedachten Schulen zu gebrauchen seien, werden die Bischöfe kraft einer mit einander gepflogenen Berathung festsetzen." — Nach Art. 8 „werden alle Lehrer der für Katholiken bestimmten Volksschulen der kirchlichen Beaufsichtigung unterstehen. — Falls in gedachten Schulen für den Religionsunterricht nicht hinlänglich gesorgt wäre, steht es dem Bischof frei, einen Geistlichen zu bestimmen, um den Schülern die Anfangsgründe des Glaubens vorzutragen."

Durch diese Bestimmungen des Concordates war offenbar der ganze öffentliche Unterricht der katholischen Schulen Oesterreichs den Bischöfen überantwortet worden. Was in Folge dieser kirchlichen Reaction die Schulen und insbesondere die Gymnasien zu erleiden hatten, darüber kann man sich aus der lesenswerthen Schrift, „die Gymnasien Oesterreichs und die Jesuiten. Leipzig 1859" belehren. Angeblich um der Sittlichkeit willen sind auf Verlangen der Bischöfe die vollständigen Ausgaben alter Classiker durch schulmäßig verstümmelte Ausgaben ersetzt worden. In Predigten an die Gymnasial-Jugend hat man geduldet, daß das Studium der Classiker verdächtigt und geschmäht wurde; dem Gedanken, die Lectüre derselben durch diejenige der Kirchenväter zu ersetzen, wurde ernstlich Raum gegeben. Kenntnißlose Schulbücher hat man fabriciren lassen mit Phrasen, die höchstens ein beschränkter Kopf für religiös halten mochte. So wurde auf geistlichen Betrieb ein Lehrbuch der alten Geschichte für Untergymnasien von Bumüller eingeführt, das durch seine an das Unglaubliche grenzenden Verstöße und gemeinen Ausfälle gegen das ganze antike Wesen allgemeines Aufsehen erregte.

Unter solchen Umständen mußte es doppelt mißlich erscheinen, daß sich in Oesterreich die von Jesuiten abhängigen öffentlichen Gymnasien mehrten, für welche noch obendrein eine gesetzliche Ausnahmestellung verlangt wurde. Der Unterrichtsminister hatte am 20. November 1853 an den Ordensgeneral Pater Betx die Anfrage gerichtet über die Stellung der Jesuiten-Gymnasien zum allgemeinen Gymnasialplan. Der Ordensgeneral hatte in einer Antwort vom 15. Juli 1854 die Ausnahmestellung der Jesuiten-Gymnasien entschieden aufrecht erhalten. Der Ordensgeneral verweigerte entschieden jedes Eingehen auf den neuen von der Regierung erlassenen Organisationsentwurf der Gymnasien und bezeichnete die vor nunmehr zweihundert Jahren erschienene Ratio studiorum als Norm, an deren unabänderlichen Grundsätzen der Orden festhalten müsse. Dabei wurden angebliche Gefahren für die Sittlichkeit als Grund gegen die frühzeitige Beschäftigung mit den Naturwissenschaften angegeben. Daß die deutsche Sprache fast überall die lateinische, diese Sprache der Kirche, im Gebrauche verdrängt habe, nannte der Pater Betx ein Unglück, welches blos dadurch entstanden sei, daß der „sogenannte große Reformator der Religion in Deutschland mit seinen Genossen gegen den Gebrauch der lateinischen Sprache anstürmte."

Zum Glück galten diese Grundsätze zunächst nur für die Jesuiten-Gymnasien, aber da solche Gymnasien sich mehrten, konnte es nicht ausbleiben, daß sich immer lauter werdende Bedenken im Lande regten über die eximirte Stellung der Jesuiten-Gymnasien.

Auch überzeugte man sich immer deutlicher und allgemeiner davon, wie übel man gethan hatte durch das Concordat das Schulwesen in eine größere klerikale Abhängigkeit zu bringen. Man sah, wie mißlich es war, dem Klerus unter dem Titel der Aufsicht über die Religion und Sittlichkeit eine so weit gehende Befugniß zur Beaufsichtigung des Gesammtunterrichts und der sittlichen Gesammthaltung des ganzen Schulwesens einzuräumen.

Selbstverständlich konnte auch das Schulwesen der Akatholiken sich unter dieser Concordats-Herrschaft nicht frei bewegen. Den Evangelischen gewährte zwar ein kaiserliches Patent vom 8. April 1862 freie Verwaltung von Kirchen-, Schul- und Wohlthätigkeitssachen, Errichtung einer protestantischen Abtheilung für Cultus- und Unterrichtssachen im Ministerium, versprach denselben auch Beiträge für ihre Kirchen und Unterrichtszwecke aus dem Staatsschatze. Aber gerade eine genügende Ausführung dieses letzten Versprechens blieb unthunlich, so lange noch das Concordat fortbestand, demgemäß auch alle Mittelschulen einen ausschließlich confessionellen Charakter behalten mußten.

So war es denn unerläßlich für das Heil der Schulbildung, diesen starren Confessionalismus durch neue Schulgesetze oder durch Beseitigung des Concordates zu brechen.

Dem entsprach die Vorlage eines Gesetzentwurfs über das Verhältniß der Schule zur Kirche, derselbe kam am 12. September 1867 beim Confessionsausschusse des Abgeordnetenhauses zur Berathung. Nach demselben sollten die Schulen entweder Confessionsschulen, Simultanschulen oder confessionslose Schulen sein. Die Bestimmung darüber sollte von den die Schule erhaltenden Gemeinden abhängen. Bei den confessionslosen Schulen sollte vom Religionsbekenntnisse der Lehrer abgesehen werden. In Confessionsschulen und in Simultanschulen sollte die betreffende Kirche den Religionsunterricht leiten. Der Staat behielt sich nur das Aufsichtsrecht vor. — Nach lebhafter Discussion über den Entwurf am 25. Oktober nahm das Abgeordnetenhaus folgende Bestimmungen an: § 2. „Unbeschadet dieses nach § 1 (ausschließlich staatlichen) Aufsichtsrechtes bleibt die Besorgung, Leitung und unmittelbare Beaufsichtigung des Religionsunterrichtes für die verschiedenen Glaubensgenossen' in den Volks- und Mittelschulen der betreffenden Kirche oder Religionsgenossenschaft überlassen. Der Unterricht in den übrigen Lehrgegenständen in diesen Schulen ist unabhängig von jeder Kirche oder Religionsgenossenschaft. — § 3. Die vom Staate, einem Lande oder einer Gemeinde ganz oder theilweise gegründeten oder erhaltenen Schulen oder Erziehungsanstalten sind allen Staatsbürgern ohne Unterschied des Glaubensbekenntnisses zugänglich. — § 4. Es steht jeder Kirche oder Religionsgesellschaft frei, aus ihren Mitteln Schulen für den Unterricht der Jugend von bestimmten Glaubensbekenntnissen zu errichten und zu erhalten. — § 6. Die Lehrämter an den in § 3 bezeichneten Anstalten sind für die dazu befähigten Staatsbürger ohne Unterschied des Glaubensbekenntnisses gleichmäßig zugänglich. Als Religionslehrer dürfen nur diejenigen angestellt werden, welche die betreffende confessionelle Oberbehörde als hierzu befähigt erklärt hat." — Im December erklärte sich auch das Herrenhaus diesem Gesetzentwurf zustimmig.

Auch dieses Gesetz nahm also auf die berechtigten confessionellen Ansprüche der Gemeinden alle erdenkliche Rücksicht und brach nur die unberechtigten Concordatsansprüche auf Beeinflussung auch des weltlichen Unterrichts und der sittlichen Schulleitung. Ueberdies hatte sich das Abgeordnetenhaus auf den Antrag des Dr. Mühlfeld am 9. Oktober für ein Gesetz erklärt, nach welchem das Concordat in seinem ganzen Umfange aufgehoben werden solle.

Natürlich erregten diese Beschlüsse großen Zorn bei den Ultramontanen. Der cisleithanische Klerus, 25 Erzbischöfe und Bischöfe, überreichten dem Kaiser eine Adresse, um die Nothwendigkeit des Concordates zu beweisen. Der Kaiser nahm die Adresse an, antwortete aber dem Fürst-Erzbischof: „er müsse beklagen, daß die Bischöfe, anstatt nach seinem Wunsche die ernsten Bestrebungen der Regierung in einschlagenden wichtigen Fragen zu unterstützen und deren so bringende Lösung im Geiste der Versöhnung und des Entgegenkommens zu fördern, es vorgezogen hätten, durch die Vorlage und Veröffentlichung einer die Gemüther tief erregenden Adresse die Aufgabe zu erschweren, und zwar zu einem Zeitpunkte in welchem Eintracht so sehr noth thue und es bringend geboten sei, die Anlässe zu Zwiespalt und Beschwerden nicht zu mehren."

Die Regierung ließ nun den neuen Schulgesetzentwurf vor der definitiven Schulredaction öffentlich bekannt machen, um dem ganzen Lande Gelegenheit zu geben sich über denselben zu äußern. Nach Eingang solcher Auslassungen kam dann das neue Volksschulgesetz im April 1869 zur Vorlage im Reichstage. Die Klerikalen ereiferten sich natürlich über die angebliche Religionslosigkeit des Gesetzes. Mit Recht entgegnete der Unterrichtsminister Hasner, von Religionslosigkeit könne doch bei diesem Gesetze, welches die Bestimmung über den religiösen Charakter der Schule den Gemeinden anheimgebe, nicht die Rede sein; man werde auch im Ernste der Regierung weder einen so unstaatsmännischen Geist, noch so viel Frivolität zutrauen, daß es ihr nicht vollkommen klar wäre, welche völkererziehende Bedeutung, welcher Trost, welche Kraft und Stütze für den Einzelnen in der Religion liege. — Das Gesetz wurde, nachdem die Tyroler, Slovenen und Polen thöricht genug zu ihrem eigenen Schaden das Haus verlassen hatten, mit 115 Stimmen gegen 4 angenommen. Am 10. Mai nahm auch das Herrenhaus den Gesetzentwurf unverändert an und schon am 20. Mai wurde derselbe nach erhaltener kaiserlicher Sanction im

Reichsgesetzblatte publicirt. Mit Recht konnte der Kaiser in seiner die Reichsrathssession schließenden Thronrede vom 15. Mai sagen: „das Verhältniß der Schule zur Kirche wurde, ohne den wohlthätigen Einfluß der letzteren zu schmälern, in einer den wichtigen Aufgaben des Volksunterrichts zusagenden Weise geordnet."

Die ebenfalls vom Kaiser ausgesprochene Erwartung, daß diese gesetzlichen Anordnungen sich als dauernde Grundlagen eines friedlichen, einklängigen Waltens des Staates und der Kirche bewähren würden, fand anfangs manchen thatsächlichen Widerspruch. Der Fürstbischof von Brixen forderte seine Diöcesanen geradezu auf, sich bei der Durchführung des Gesetzes gar nicht zu betheiligen, der Landesausschuß von Tyrol lehnte jede Betheiligung an der Durchführung des Gesetzes ab. In Tyrol kam es sogar zu pöbelhaften Unruhscenen. Gegen den Bischof Rüdigier in Linz mußte die Regierung wegen seiner Widersetzlichkeit einschreiten. Das Gericht verurtheilte ihn „wegen versuchter Störung der öffentlichen Ruhe" zu vierzehntägigem Kerker, welche Strafe abzubüßen ihm die Gnade des Kaisers erließ, während eine von 3000 Bewohnern von Linz besuchte Volksversammlung sich öffentlich gegen die Mißachtung der Gesetze seitens ihres Bischofs erklärte. — Dagegen lenkten der Cardinal Rauscher und mehrere Bischöfe wieder versöhnlich ein und machten ihren Diöcesanen zur Pflicht, der neuen Gesetzgebung sich nicht zu widersetzen.

Diese schon früher vorhandene versöhnlichere Stimmung einer Anzahl von Bischöfen hatte die am 22. Juni 1868 gehaltene Allocution des Papstes über die kirchlichen und Schulangelegenheiten Oesterreichs gehemmt. Obgleich der Papst in dieser Allocution den der Kirche gelassenen Einfluß in der kurzen Charakteristik der Gesetze selbst ganz richtig bezeichnete, behauptete er doch, durch das neue Schulgesetz werde aller Einfluß der Kirche auf die Schulen beseitigt. Kraft seiner Apostolischen Autorität verwarf und verdammte er diese von der österreichischen Regierung vorgelegten abscheulichen Gesetze, kraft derselben Autorität erklärte er diese Gesetze sammt ihren Folgerungen als durchaus nichtig und immerdar ungiltig. Die Urheber und Ausführer dieser Gesetze, besonders die sich Katholiken zu sein rühmten, ermahnte und beschwörte der Papst, der Censuren und gerichtlichen Strafen zu gedenken, welche nach dem Recht der Kirche alle diejenigen auf sich lüden, welche die Rechte der Kirche verletzten.

Solche päpstliche Verdammungsurtheile haben natürlich jetzt nicht Macht genug mehr, die nothwendige Staats- und Cultur-Entwickelung zum Stillstand oder gar zum Rückschritt zu zwingen, aber sie wirken doch hemmend und bereiten den Regierungen mancherlei Schwierigkeiten. Keine Regierung kann es ertragen, daß ein fremder Kirchenfürst als Oberhaupt der gesammten Christenheit die eigenen Staatsangehörigen gegen die Landesgesetze aufwiegelt und durch Androhung kirchlicher Strafen von der Befolgung der Landesgesetze abzuhalten sucht. Unsere Regierungen werden durch die Maßlosigkeit solcher hierarchischen Ansprüche gegen ihren Wunsch und Willen zu immer entschiedenerer Abwehr gezwungen und könnten bei fortgesetztem derartigen Auftreten der Kirche allerdings mit der Zeit dahin gedrängt werden, in unzweifelhaftem Einklang mit der überwiegenden Volksstimmung die bisher der Kirche zur Sicherung ihrer religiösen Beeinflussung des staatlichen Schulwesens bereitwillig zugestandenen Ansprüche immer mehr einzuschränken, selbst vollständig abzuweisen. Wer Augen hat zu sehen und Geist genug zu verstehen, was er sieht, dem kann es nicht verborgen bleiben, daß der klerikale Widerspruch gegen die Landesgesetze selbst im gut katholischen Oesterreich die Vollstreckung dieser Gesetze damals nicht aufhob, daß dieser Widerspruch nur beschränkten Beifall fand, im Ganzen genommen aber eher dazu beitrug den religiösen Glauben des Volkes zu schädigen als denselben zu stärken.

Das Volksschulgesetz von 1869 hat sich allmählig im Lande eingebürgert. Trotzdem hat die gegenwärtige Regierung es für nöthig gehalten den natürlich fortgesetzten klerikalen Klagen etwas Gehör zu schenken und einige kleine Abänderungen des Reichs-Volksschul-Gesetzes vom 14. Mai 1869 zu beantragen. Der Volksschule soll nach § 1 nunmehr die Aufgabe zugewiesen werden, die Kinder „religiös-sittlich" zu erziehen, nicht wie bisher „sittlich-religiös". Nach § 5 wird bestimmt, es sei „Pflicht der Schulleitung, an der Ueberwachung der Schuljugend bei den ordnungsmäßig festgesetzten religiösen Uebungen durch Lehrer des betreffenden Glaubensbekenntnisses sich zu betheiligen", während bisher bei dieser Begleitung auf die Religion oder Confession der Lehrer keine Rücksicht genommen zu werden brauchte. Für eine confessionell gemischte Bevölkerung sollen die Simultanschulen bestehen bleiben, aber es soll dann der Schulleiter dem

Bekenntnisse angehören, welchem die Mehrzahl der seine Schule besuchenden Kinder angehört, auch soll er die Befähigung besitzen, den Religionsunterricht in dieser Confession zu ertheilen. Damit soll der Klage der Klerikalen, daß an Schulen, die fast ausschließlich von katholischen Kindern besucht seien, protestantische oder gar jüdische Oberlehrer angestellt seien, der Grund genommen werden. — Diese letzte Aenderung hat jedenfalls das Bedenkliche, bei der Anstellung des Hauptlehrers eine confessionelle Rücksicht an die Stelle der rein pädagogischen zu setzen und durch Rücksichtnahme auf wechselnde Majoritäten ein für die Schulleitung schädliches Schwanken leicht herbeizuführen. Der staatliche Boden des Schulgesetzes von 1869 wird damit allerdings noch nicht verlassen, aber die Gegenströmungen werden in diesem halben Entgegenkommen schon die nöthige Stärkung finden, um mehr zu fordern. Zunächst ist freilich noch die Annahme im Herrenhause unsicher.

Auch in Preußen hatte die Staatsregierung bisher allezeit Gewicht darauf gelegt, das unter ihre Obhut und Aufsicht gestellte gesammte Schulwesen confessionell zu gestalten und das Anrecht der verschiedenen Religionsgesellschaften auf Mitaufsicht über den Religionsunterricht anzuerkennen.

Schon das im Jahre 1794 publicirte „Allgemeine Landrecht" erklärte im Titel 12 des Theiles II von „niederen und höheren Schulen" im § 1 — „Schulen und Universitäten für Veranstaltungen des Staates, welche den Unterricht der Jugend in nützlichen Kenntnissen und Wissenschaften zur Absicht haben" und bestimmte in § 9: — „Alle öffentlichen Schulen und Erziehungsanstalten stehen unter der Aufsicht des Staates und müssen sich den Prüfungen und Visitationen desselben zu allen Zeiten unterwerfen"; aber es war doch zugleich Gewicht darauf gelegt, bei der staatlichen Aufsicht die Ansprüche der Kirche auf Mitwirkung bei derselben zu berücksichtigen.

Zur staatlichen Ober-Aufsicht über das Schulwesen war schon 1787 ein Ober-Schulcollegium zu Berlin bestellt, welches aus einem Staatsminister und mehreren Ober-Schulräthen bestehend unmittelbar unter dem Könige stand. Dasselbe hatte in der Provinz die Consistorien unter sich und führte die Oberaufsicht über alle Schulen, mit Ausnahme der Schulen in Schlesien, der Schulen der französischen Colonie, der Militärschulen und der jüdischen Schulen, für welche besondere Aufsichtsordnungen galten.

Auch die Universitäten wurden durch K.-O. vom 31. December 1801 der Aufsicht des Ober-Schulcollegiums wieder entzogen und unmittelbar dem Könige als ihrem Ober-Curator unterstellt. Als dann im Jahre 1808 durch Publicandum vom 16. Dezember eine Aenderung der obersten Staatsbehörden beschlossen und demgemäß ein in fünf Departements getheiltes Ministerium eingesetzt war, wurde im Ministerium des Innern eine dritte Section für Cultus und öffentlichen Unterricht gebildet. Im Jahre 1817 ward dann „in Rücksicht auf die Würde und Wichtigkeit der geistlichen und der Erziehungs- und Schulsachen" ein eigenes Ministerium für Cultus und öffentlichen Unterricht angeordnet, das seitdem die Oberaufsicht über das gesammte Schulwesen mit Ausnahme gewisser Fachschulen, die verschiedenen Ministerien unterstellt blieben, zu führen hat. Demselben wurden unmittelbar die Universitäten unterstellt.

Zur weiteren Ausführung der staatlichen Aufsicht bediente sich dieses Ministerium seit 1825 der mit den Provinzial-Consistorien verbundenen Provinzial-Schulcollegien, ihnen wurden unmittelbar die höheren Schulen der Provinz unterstellt. Die Aufsicht und Verwaltung des gesammten Elementarschulwesens kam zunächst den Königlichen Regierungen zu; als Commissare derselben hatten in den einzelnen Kreisen die Kreis-Landräthe und Kreis-Schulinspectoren zu fungiren. Dieses letztere Amt ward in der Regel den Superintendenten und in Ansehung der Katholiken den Dekanen und Erzpriestern zugetheilt. Mit der Local-Schulinspektion wurden die Pfarrer und unter und mit ihnen die Local-Schulvorstände, in den Städten die Magistrate und Schul-Deputationen beauftragt. Im Jahre 1829 erhielten auch die für alle Gebietstheile der Monarchie geschaffenen General-Superintendenten das Recht, so oft sie es für nöthig hielten, den Sitzungen der Kirchen- und Schulcommission stimmfähig beizuwohnen, auch ward der Präsident angewiesen, sie in wichtigen Angelegenheiten zu den Berathungen einzuladen.

Diese sowie ähnliche den Superintendenten und Erzpriestern oder Dekanen die Aufsicht über das Volksschulwesen ihrer Kirchsprengel der Regel nach zuweisenden Bestimmungen der Rheinisch-Westfälischen Kirchenordnung von 1835 und der Preußischen Schulordnung von 1845 in Verbindung mit dem Thatbestand der fast durchweg und allezeit durch Geistliche geübten Kreis- und Lokal-Schulaufsicht hatten allmählig der irrthümlichen Auffassung

Vorschub geleistet, als habe die Kirche ein unabänderliches Recht auf die Verwendung bei der Schulaufsicht und als übten die Geistlichen in dieser Hinsicht nicht eine staatliche, sondern eine kirchliche Funktion aus. Dem gegenüber mußte gleich beim Beginn des jetzigen Kirchenconflictes die Regierung Gewicht darauf legen, den landrechtlichen Standpunkt durch eine bündige Gesetzesbestimmung wieder klar zu stellen. Dies war der Zweck des vom Minister von Mühler im Jahre 1872 vorgelegten Schulaufsichtsgesetzes, welches in § 1 klar und bündig erklärte, daß alle mit der Schulaufsicht betrauten Behörden und Beamten im Auftrage des Staates handeln, — und in § 2 bestimmte: — „Die Ernennung der Local- und Kreis-Schulinspektoren und die Abgrenzung ihrer Aufsichts-Bezirke gebührt dem Staate allein. Der vom Staate den Inspektoren der Volksschule ertheilte Auftrag ist, sofern sie dies Amt als Neben- oder Ehrenamt verwalten, jederzeit widerruflich. Alle entgegenstehenden Bestimmungen sind aufgehoben." — Im Prinzip war damit der landrechtliche Standpunkt wieder deutlich zur Geltung gebracht, in der Praxis hing es nun von der Staatsregierung ab, ob die Volks-Schulaufsicht wesentlich in den Händen der Geistlichen erhalten blieb oder nicht. Unter dem Ministerium Falk wurde besonders in einigen Provinzen eine Anzahl weltlicher Kreis-Schulinspektoren ernannt, auch die Local-Schulinspektion den in Conflikt mit den Staatsgesetzen lebenden Geistlichen entzogen, aber im Großen und Ganzen war auch schon damals diese Aenderung nur von beschränktem Umfange. Seit dem Rücktritte des Ministers Falk scheint bei der Regierung die alte Neigung, besonders bei der Local-Schulinspektion sich der Geistlichen zu bedienen, wieder stark im Wachsen zu sein, so daß schon jetzt vielen Geistlichen, denen erst vor Kurzem wegen ihrer Untauglichkeit das Schulaufsichtsamt entzogen war, nun, ohne daß dieselben Zeichen der Aenderung ihrer staatlichen Gesinnung gegeben hätten, das Amt wieder anvertraut worden ist. Es bleibt also dabei, daß in Preußen die Staatsregierung schon bei der von ihr geordneten Schulaufsicht auf die Ansprüche der Kirche die größtmögliche Rücksicht nehmen will.

Diese Rücksichtnahme tritt nun auch bei der ganzen Ordnung des Schulwesens im Uebrigen überall hervor.

Am freiesten blieben wie zu erwarten in dieser Hinsicht die Universitäten; doch bestanden auch für sie noch allerlei confessionelle

Schranken. Zunächst hatten schon statutengemäß von den älteren preußischen Universitäten Königsberg, Greifswald und Halle als confessionell evangelisch, Breslau und Bonn als paritätisch, die theologische und philosophische Akademie zu Münster als confessionell katholisch und nur Berlin als nicht confessionell zu gelten. Dem entsprechen bis in die neueste Zeit hinein allerlei die freie Wissenschaft beschränkende Folgerungen. Am meisten traf die Beschränkung die Fakultäten der katholischen Theologie, bei denen die Besetzung der Professuren sowie die Anordnung der Lehrpläne von der Gutheißung der vorgesetzten Bischöfe abhängig blieben. Aber auch über diese Fakultäten hinaus wurde „zur Beruhigung der katholischen Unterthanen" für Breslau und Bonn im Jahre 1811 und 1818 bestimmt, daß der Lehrstuhl der eigentlichen Philosophie doppelt, mit einem katholischen und einem protestantischen Lehrer besetzt sein solle. Auch bei den beiden Professuren der Geschichte ward nach K.-O. vom 26. Sept. 1853 eine solche Rücksicht auf die Unterschiede der Confession genommen. Im Jahre 1834 trat für die juristische Facultät in Bonn noch die Bestimmung hinzu, daß in der juristischen Fakultät wenigstens einer der ordentlichen Professoren katholischer Confession sein solle, der das Lehrfach des katholischen Kirchenrechtes übernehmen könne. Juden waren nach diesen statutarischen Bestimmungen nur in Berlin nicht ausgeschlossen. Zwar hatte schon ein Edict von 1812 bestimmt, daß Juden akademische Lehr- und Schulämter, zu denen sie sich geschickt gemacht hätten, sollten verwalten können, aber auf Grund einer K.-O. vom 18. August 1822 war dieses tolerante Edict durch Staats-Ministerial-Beschluß vom 4. December 1822 wieder aufgehoben. Auch nach dem Gesetz über die Verhältnisse der Juden vom Jahre 1847 blieben die Juden von Lehrstellen bei christlichen Schulen ausgeschlossen. Als dann 1850 die Verfassungs-Urkunde in Art. 4 bestimmte, daß die öffentlichen Aemter für alle dazu Befähigten gleich zugänglich seien und in Art. 12, daß der Genuß der bürgerlichen und staatsbürgerlichen Rechte unabhängig sei von dem religiösen Bekenntnisse, glaubten die Juden damit auch ein Recht auf Anstellung im staatlichen Schuldienst erlangt zu haben; jedoch dem gegenüber ward geltend gemacht, daß nach Art. 14 die christliche Religion bei denjenigen Einrichtungen des Staates, welche mit der Religionsübung im Zusammenhang stehen, unbeschadet der im Art. 12 gewährleisteten

Religionsfreiheit, zum Grunde gelegt werden solle, daß somit, da dieser Zusammenhang mit der Religionsübung bei den Schulen bestehe, der freie Genuß der bürgerlichen und staatsbürgerlichen Rechte den Juden noch kein Recht geben könne zur Anstellung an christlichen Schulen. Auf Grund solcher Anschauung hielt man auch die Schranken der statutarischen Universitätsbestimmungen noch eine Zeit lang gegen sie aufrecht. Dann aber fand man zunächst, daß in den Breslauer Statuten doch keine ausdrückliche Bestimmung sei, welche unbestritten der Anstellung von Juden entgegengesetzt werden könnte. Aber den speciell confessionellen Universitäten konnte man noch eine Weile den Ansprüchen der Juden gegenüber darauf hinweisen, daß sie nach demselben Rechte behandelt würden, nach dem an der betreffenden Universität auch die Anhänger der abweichenden christlichen Confessionen ausgeschlossen seien. Zur Aufrechthaltung dieser Schranken ward noch im Jahre 1861 ein Antrag des Concilium generale der Universität Königsberg auf Aufhebung der Statutsbestimmung, nach welcher nur Lehrer evangelischer Confession zuzulassen, vom Minister kurzweg abgewiesen. Erst 1867 ist unter dem Ministerium Mühler durch Allerh. Erlaß vom 14. Oktober genehmigt worden, daß in Königsberg, unbeschadet des evangelischen Charakters, auch Nicht-Evangelische als Privatdocenten in der juristischen, medizinischen und philosophischen Fakultät zugelassen und im Falle des concreten Bedürfnisses als Lehrer ausnahmsweise angestellt werden dürften. — Von einer solchen immerhin noch enger begrenzten Zulassung der Anstellung von Juden an den bis dahin für evangelisch oder katholisch geltenden Hochschulen begann dann die Regierung erst in den letzten Decennien abzusehen. Es verdient hervorgehoben zu werden, daß unter dem Minister Falk im Jahre 1867 in Marburg ein Jude schon zum ordentlichen Professor der Philosophie ernannt wurde, der erste und einzige Jude in Deutschland, so viel ich weiß, dem solche Stellung geboten wurde, nachdem 1673 der Kurfürst Karl Ludwig von der Pfalz so unbefangen gewesen dem Juden Spinoza die Professur der Philosophie an der Universität Heidelberg anzubieten. Einer Regierung, die sich gewillt zeigte, die bisherigen Schranken so weit zu durchbrechen, mußten natürlich die bisherigen confessionellen Schranken zwischen Katholiken und Evangelischen noch weniger gültig erscheinen; so wurden denn auch an der früher für katholisch angesehenen Akademie

Münster mehrere Protestanten zu Lehrern ernannt. Schon etwas früher hatte sich die Regierung auch entschlossen, die an einzelnen Universitäten noch bestehenden religiösen Promotions=Beschränkungen aufzuheben. Zuerst ward im Jahre 1866 der Universität Königsberg verstattet, auch Juden zu Doctoren der Philosophie zu promoviren. Die Promotion an einer juristischen Fakultät blieb den Juden noch einige Jahre versagt, weil sie doch nicht zu Doctoren beider Rechte (des weltlichen und geistlichen Rechtes) creirt werden könnten. Erst im Jahre 1874 und 1875 ward auch diese Promotion ohne Unterschied der Religion für Königsberg und Breslau ausdrücklich zugelassen. Also erst ganz allmählig begann man an den Universitäten die Folgerungen praktisch werden zu lassen, die in dem Art. 20 der Verfassungsurkunde: „Die Wissenschaft und ihre Lehre ist frei" — zu liegen schienen. Gelegentlich ward sogar in besonderer Rücksichtnahme auch noch in neuester Zeit ein Rückschritt nicht gescheut, so z. B. indem man in Bonn 1869 und in Breslau 1882 aus Rücksicht auf die Forderungen der römisch Katholischen den inzwischen altkatholisch gewordenen Professoren der Philosophie noch römisch=katholisch gebliebene Professoren der Philosophie zur Seite setzte, also gerade diese freieste aller Wissenschaften noch um eine confessionelle Distinction neuesten Datums bereicherte.

In Betreff der höheren Schulen, der Gymnasien, Real= und höheren Bürgerschulen ist bis in die neueste Zeit eine religiöse Sonderung fast durchweg festgehalten worden. Auf eine Petition des Breslauer Magistrats um die Zulassung der Confessionslosigkeit bei der Neugründung höherer Lehranstalten ist vom Unterrichtsminister Mühler in einer Verfügung vom 19. November 1867 abschlägig erwidert, daß diesen Schulen zur Erreichung ihres pädagogischen Zweckes ein religiöser Charakter unentbehrlich sei. Demgemäß seien die Gymnasien, Real= und höheren Bürgerschulen in den altpreußischen Provinzen alle entweder evangelisch oder katholisch, oder in einzelnen Fällen simultan, wobei dann über dem Unterschied der beiden Confessionen die Einheit doch in dem christlichen Charakter der Schule vorhanden sei. In den neu erworbenen Ländern fänden sich auch zwei unlängst von ihm anerkannte jüdische Realschulen (in Frankfurt a. M. nämlich), welche entsprechend ihrem pädagogischen Zweck die Grundlage in der jüdischen Religion hätten. Von den hieraus erkennbaren, aus der Natur der Sache hervorgehenden Grundsätzen der Organisation höherer Schulen könne nicht abgegangen werden. Als christliche Simultan-Gymnasien galten nur Erfurt und Essen in der Form, daß die Lehrer in gleichem numerischen Verhältniß beiden christlichen Confessionen angehören und in der Directorstelle beide Confessionen alterniren sollten. Bei einer weniger strengen Anwendung dieser Norm für Simultanschulen ward ein bestimmt abgegrenztes Verhältniß beider Confessionen nicht festgehalten, sondern das Lehrercollegium nach dem jedesmaligen Bedarf an Lehrkräften für bestimmte Unterrichtsfächer ohne vorwiegende Rücksicht auf die Confession des zu Wählenden ergänzt. Dies findet besonders bei Realschulen statt, die überhaupt einen weniger bestimmt ausgeprägten confessionellen Charakter haben. Erst in neuester Zeit fing man an, diese Confessionalität der höheren Schulen gegen die Parität noch weiter zurücktreten zu lassen.

Um so weniger kann es befremden, daß für die Volksschule allgemein ein bestimmter religiöser Charakter festgehalten wurde. Zwar bestimmte schon das Allgemeine Landrecht in § 10: „Niemandem soll wegen Verschiedenheit des Glaubensbekenntnisses der Zutritt in öffentliche Schulen versagt werden," und in § 11: „Kinder, die in einer anderen Religion, als welche in der öffentlichen Schule gelehrt wird, nach den Gesetzen des Staates erzogen werden sollen, können dem Religionsunterrichte in derselben beizuwohnen nicht angehalten werden"; — aber im Uebrigen ward festgehalten, daß die öffentlichen Volksschulen entweder evangelisch oder katholisch oder christlich simultan sein mußten. Erst das Gesetz über die Verhältnisse der Juden vom Jahre 1847 anerkannte die Zulässigkeit der Anerkennung auch jüdischer öffentlicher Schulen, aber nur unter der Bedingung, daß der Besuch dieser Schulen auf jüdische Kinder beschränkt bleibe, welche Bedingung offenbar gegen den § 10 des Allgemeinen Landrechts verstieß.

Am meisten Schwierigkeiten ergaben sich natürlich für alle diese vom Staate oder von bürgerlichen Gemeinden abhängigen Schulen in Betreff der Vorschriften über den Religionsunterricht. Der Art. 24 der Verfassungsurkunde von 1850 bestimmt: „Bei der Einrichtung der öffentlichen Volksschulen sind die confessionellen Verhältnisse möglichst zu berücksichtigen. Den religiösen Unterricht leiten die betreffenden Religionsgesellschaften." — Diese kurzen gesetzlichen Bestimmungen geben der Geistlichkeit Gottlob kein Recht zur Ausdehnung der religiösen Aufsicht über das ganze Schulwesen, wie dies in Oesterreich die Concordatsbestimmungen thaten, aber sie sind leider eben so wenig klar und bestimmt genug, um über die gegenwärtig vorliegenden Schwierigkeiten fortzuhelfen. Die Bestimmung, daß bei der öffentlichen Volksschule die confessionellen Verhältnisse möglichst zu berücksichtigen seien, war eine Zeit lang auch von Regierungs wegen meist so ausgelegt worden, als schreibe dieselbe grundsätzlich möglichste Berücksichtigung der confessionellen Verhältnisse vor. Eine ganz andere und wie mir scheint richtigere Auslegung ist es, das Wort möglichst im Sinne von thunlichst zu nehmen. Die Staatsregierung hätte dann die gesetzliche Aufgabe, das Volksschulwesen, so weit möglich, confessionell zu gestalten, behielte aber auch die gesetzliche Freiheit, von dieser confessionellen Gestaltung abzusehen, so weit sich dieselbe als unthunlich erweisen sollte. Erst der Unterrichtsminister Falk stimmte mit dieser letzteren Auffassung überein, derselbe erklärte bei den im Juni 1872 gepflogenen, das Volksschulwesen betreffenden Verhandlungen, nach Art. 24 werde nicht der Volksschule schlechthin ein confessioneller Charakter beigelegt, sondern nur eine möglichste Berücksichtigung der confessionellen Verhältnisse gefordert. Von dieser richtigen Auffassung hat schon sein Nachfolger wieder Abstand genommen.

Unbestimmter und fraglicher noch ist die zweite Bestimmung des Art. 24, nach welcher die betreffenden Religionsgesellschaften den religiösen Unterricht leiten sollen. Was unter dieser Leitung zu verstehen, wie dieselbe neben der staatlichen Aufsicht zu handhaben sei, könnten nur feste gesetzliche Bestimmungen entscheiden. Da aber statt derselben bis jetzt nur verschiedene ministerielle Verfügungen existiren, so ist es kein Wunder, daß über Sinn und Recht der Verfassungsbestimmung große Meinungsverschiedenheit besteht. Thatsächlich gilt bis jetzt in Berücksichtigung des Religionsunterrichts und der Confessionalität desselben folgender Zustand.

Zunächst wird allgemein festgehalten, daß der Religionsunterricht überhaupt als ein wesentlicher Bestandtheil des Schulunterrichts angesehen werden soll. Demgemäß wurde noch im Jahre 1870 dem Vorstande des Vereins für die Freiheit der Schulen in Berlin von der städtischen Schuldeputation, vom Provinzial-Schulcollegium und vom Ministerium die Erlaubniß zur Errichtung einer religionslosen Privatschule versagt. Die Privatschulen — hieß es — müßten gesetzlich im Wesentlichen der Einrichtung der öffentlichen Schule folgen, für diese aber bilde der Religionsunterricht ein wesentliches Stück des Gesammtunterrichts.

Die Bestimmung der Art dieses Religionsunterrichts bleibt abgesondert von der übrigen Schulfürsorge frei überlassen bis jetzt nur den Dissidenten und Juden. Nur für diese hat bisher die in der Verfassungsbestimmung den Religionsgesellschaften zugewiesene Leitung des Religionsunterrichts eine unbeschränkte Zulassung gefunden. Doch kann man zweifeln, ob diese Zulassung mehr aus Anerkennung des Rechts oder aus religiöser Gleichgültigkeit und Zurücksetzung Andersgläubiger entsprungen ist.

Ueber das Verhalten der öffentlichen Schule in Betreff des Religionsunterrichtes von Dissidentenkindern setzte die k. Verfügung (des Min. v. Bethmann-Hollweg) vom 6. April 1859 folgendes fest: „Die Nöthigung der Dissidenten, ihre Kinder einem andern als dem in ihrer Religionsgesellschaft ertheilten Religionsunterricht anzuvertrauen, muß als eine Beeinträchtigung der ihnen durch die Verfassungsurkunde gewährleisteten Religionsfreiheit und des in § 74 des Allgem. Landrechts II, 2 anerkannten Erziehungsrechts des Vaters resp. der Eltern angesehen und kann nicht weiter aufrecht erhalten werden. Die betreffenden Kinder sind daher auf Verlangen ihrer Eltern von der Benutzung des in der öffentlichen Elementar-, resp. in der höheren Bürgerschule oder in Gymnasien ertheilten Religionsunterrichts freizulassen, sobald nachgewiesen wird, daß sie außerhalb der öffentlichen Schule oder des Confirmandenunterrichts Religionsunterricht erhalten, und ist als solcher der von dem Prediger der Religionsgesellschaft ertheilte anzuerkennen."

Dabei wurde nur noch hervorgehoben als selbstverständlich, daß dieser Religionsunterricht nichts dem Staatsgesetze Widersprechendes enthalten dürfe, und daß dieses Zugeständniß einer Befreiung vom übrigens obligatorischen Religionsunterrichte der Schule nur denjenigen Eltern gemacht werden könne und dürfe, welche durch eine förmliche Erklärung ihren Austritt aus der Landeskirche bewirkt hätten.

In gleicher Weise begnügte sich früher die Staatsregierung in Betreff des jüdischen Religionsunterrichts damit, den genügenden Nachweis eines solchen für die jüdischen Kinder zu fordern, die Fürsorge für denselben aber ganz der entsprechenden Religionsgemeinde zu überlassen. Davon ausgehend, daß nach Art. 14 der Verfassungsurkunde „die christliche Religion bei denjenigen Einrichtungen des Staates, welche mit der Religionsübung im Zusammenhange stehen, unbeschadet der Art. 12 gewährleisteten Religionsfreiheit, zum Grunde gelegt werden soll," folgerte man für die Staatsschule, weil mit ihr Religionsübung verbunden sei, eine ausschließlich christliche Grundlage. Demgemäß sollte jüdischer Religionsunterricht von Staats wegen nicht in den Lehrplan der öffentlichen Schulen aufgenommen werden können. Eine Minist.-Verfügung vom 23. Januar 1867 verstattete, daß jüdischen Gymnasiasten und Realschülern der jüdische Religionsunterricht im Local der öffentlichen Schulanstalten ertheilt werde, daß die Directoren und Classenordinarien auch die jüdischen Schüler zum regelmäßigen Besuch des Religionsunterrichtes anhielten, aber „alle weitere Sorge für die Betheiligung der Schüler müsse den Eltern und dem jüdischen Religionslehrer überlassen bleiben." Desgleichen bestimmte eine Minist.-Verfügung vom 21. März 1867: „Die Aufnahme des jüdischen Religionsunterrichtes in den Lehrplan christlicher Schulen ist nicht zulässig, und findet deshalb an keiner derselben, so weit sie in Preußen als öffentliche höhere Schulen anerkannt sind, statt." — Der jüdische Religionsunterricht ward also als eine reine Privatsache der jüdischen Gemeinde betrachtet, daher dieser die Leitung desselben ganz überlassen. Seltsam genug haben Synagogenvorstände, Rabbiner, auch Schulcuratorien wiederholt diesen Zustand nicht vor Allem als eine Freiheit und Selbstständigkeit, sondern nur als eine Zurücksetzung und eine Last angesehen und demgemäß beantragt, auch den jüdischen Religionsunterricht in den Lehrplan und zur Besoldung des jüdischen Religionslehrers eine Position im Schuletat aufzunehmen. Sie meinten, diese gleichgültige Nichtbeachtung ihrer Religionsbedürfnisse seitens der Staatsschule vertrage sich nicht mit der Bestimmung des Art. 12 der Verfassungsurkunde, nach welcher der Genuß der bürgerlichen und staatsbürgerlichen Rechte unabhängig von dem religiösen Bekenntnisse sein solle. Darnach glaubten sie ein Recht auf verhältnißmäßig gleiche Berücksichtigung ihrer Religionsbedürfnisse zu haben, wie sie von Staats wegen den Christen zu Theil werde. Somit beriefen sich also die Juden für ihre Ansprüche auf Art. 12 und die christlichen Gegner derselben auf

Art. 14. Ein Rescript des Ministers Falk vom 30. April 1875 hat in dieser Richtung für die höheren Schulen die von den Juden gewünschte Aenderung bewirkt. „Der Standpunkt, von welchem aus früher die Aufnahme des jüdischen Religionsunterrichtes in den Lehrplan öffentlicher höherer Schulen abgelehnt wurde, kann gegenwärtig nicht mehr festgehalten werden. Demgemäß ist bereits an nicht wenigen Gymnasien und Realschulen bei genügender Zahl jüdischer Schülern (ca. 15) auf den Antrag der Synagogen-Gemeinde des Orts ein besonderer jüdischer Religionsunterricht angesetzt und wird, wo die Verhältnisse des Schullokales nicht eine andere Einrichtung nöthig machen, in der Regel zu derselben Zeit im Schulhause ertheilt, wo der christliche Religionsunterricht der betreffenden Klassen stattfindet." — Die allgemeine Schul-Aufsicht der Directoren und Klassenordinarien sollte sich selbstverständlich auch auf diesen jüdischen Religionsunterricht erstrecken, für den als Lehrer die von der Synagogen-Gemeinde Präsentirten nach näherer Kenntnißnahme der Verhältnisse seitens der Provinzial-Schulcollegien angenommen werden sollten. Bei den vom Staate unterhaltenen höheren Schulen sollte die Anstaltskasse einen Beitrag zur Remuneration auch dieses Religionslehrers übernehmen. — Uebrigens sollte dieser Religionsunterricht nicht als obligatorisch für alle die Anstalt besuchenden jüdischen Schüler angesehen werden. — Die Befriedigung dieser jüdischen Wünsche muß offenbar auch den jüdischen Religionsunterricht in eine größere Abhängigkeit von der staatlichen Mitaufsicht bringen, wie eine solche für den Religionsunterricht der christlichen Confessionen zufolge verschiedener Minist.-Verfügungen und Instructionen besteht.

Bei der Anordnung der christlichen Religionslehre selbst sowohl wie bei der Anstellung der Religionslehrer und bei der Bestimmung der einzuführenden Religionsbücher sollten staatliche und kirchliche Organe einheitlich zusammen wirken. In der Regel haben die Schulen einen bestimmten confessionellen Charakter, nach welchem sich der Religionsunterricht und die gemeinsamen Andachten richten. Jedoch wird daneben auch für den Religionsunterricht der anderen Confession durch Bestellung eines aus den Mitteln der Anstalt zu remunerirenden Religionslehrers gesorgt, ausgenommen da, wo die Zahl der Schüler der anderen Confession zu gering ist. In diesem Fall ward wie bei den Dissidenten und Juden die religiöse Unterweisung solcher Schüler dem

Privatabkommen der Eltern mit dem betreffenden Geistlichen überlassen, und beschränkte sich die staatliche Schulbehörde darauf, nur den Nachweis eines solchen Religionsunterrichtes zu verlangen.

Es liegt auf der Hand, daß dieses complicirte und überdies gesetzlich wenig abgeklärte Zusammenwirken kirchlicher und staatlicher Behörden in einer religiös erregten und zwiespältigen Zeit viel Anlaß zum Haber in sich birgt. So sahen wir denn auch Zwist über Zwist auf diesem Gebiete entstehen und vermissen noch durchaus einheitlich durchgreifende Lösungen der sich erhebenden Schwierigkeiten.

Allgemeines Aufsehen erregte als einer der ersten dieser Fälle der Fall mit dem Dr. Wollmann in Braunsberg. Derselbe war dort von Kirche und Staatsbehörde angestellter Religionslehrer des katholischen Gymnasiums. In Folge seiner Zustimmung zum Altkatholicismus entzog der Bischof Philipp von Ermeland ihm zuerst die missio canonica und verhängte, als dies nicht half, über ihn die große Excommunication, um mit noch mehr Nachdruck entsprechend dem Wunsche einiger Eltern, deren Kinder das Gymnasium besuchten, seine Entlassung als Religionslehrer vom damaligen Unterrichtsminister von Mühler zu begehren. Der Minister erwiederte darauf am 29. Juni 1871, Dr. Wollmann sei seiner Zeit mit Zustimmung der Kirche ordnungsmäßig zum Religionslehrer berufen und lehre noch dasselbe, was er vor dem 18. Juli 1870 mit Zustimmung der Kirche gelehrt habe. Ihn zu nöthigen, daß er etwas Anderes lehren solle, oder ihn, weil er sich dessen weigere, in seinem Amte zu beunruhigen, habe der Staat keine Veranlassung. Sei hiernach weder gegen die Person des Dr. Wollmann noch gegen den von ihm ertheilten Religions-Unterricht etwas zu erinnern, so müsse verlangt werden, daß die das Gymnasium besuchenden katholischen Schüler an diesem Unterrichte Theil nehmen. Denn der Religions-Unterricht sei auf den preußischen Gymnasien ein obligatorischer Lehrgegenstand. Einen rechtlichen Anspruch auf Befreiung von der Theilnahme an demselben hätten nach §. 11 Thl. II Tit. 12 Allgem. Landrechts nur solche Kinder, welche in einer anderen Religion, als welche in der öffentlichen Schule gelehrt werde, nach den Gesetzen des Staates erzogen werden sollten. Wenn der Bischof hierin einen offenen Gewissenszwang, eine directe Verkümmerung der in Preußen den Katholiken feierlich garantirten Gewissensfreiheit finde, so scheine hierbei übersehen zu sein, daß eine gesetzliche Nöthigung zum Besuch des Gymnasiums in Braunsberg oder eines Gymnasiums überhaupt nicht bestehe. Wer sich aber der an der Schule gesetzlich bestehenden Ordnung nicht fügen wolle, müsse auf die Benutzung derselben verzichten, und habe, wenn er dieses nicht freiwillig thue, keinen Grund zur Beschwerde, wenn ihm diese Benutzung versagt werde. — Auf die Bemerkung des Bischofs, daß Dr. Wollmann durch die große Excommunication aufgehört habe ein Glied der katholischen Kirche zu sein, entgegnete der Minister am 21. Juli 1871, daß diese Ansicht sich im Widerspruche befinde mit §. 55 Thl. II Tit. 11 des Allg. Landrechts, wonach wegen blos abweichender Glaubensmeinungen kein Mitglied einer Kirche von der kirchlichen Gemeinschaft mit rechtlicher Wirkung ausgeschlossen werden könne. Für den Staat sei mithin der Dr. Wollmann nach der Excommunication ebenso wohl wie vor derselben ein Mitglied der katholischen Kirche und enthalte dieses neu hinzugetretene thatsächliche Moment keinen Anlaß, die frühere Entscheidung abzuändern.

Diese ministerielle Entscheidung ließ sich allerdings mit den bestehenden gesetzlichen Bestimmungen in Einklang bringen, aber es blieb doch ein thatsächlicher Widersinn, daß streng katholische Eltern gehalten sein sollten, ihre Kinder an dem Religionsunterrichte eines von ihrer Kirche excommunicirten Lehrers Theil nehmen zu lassen, wenn sie nicht überhaupt auf die Benutzung des entsprechenden katholischen Gymnasiums verzichten wollten. Es entsprach der Billigkeit, daß der Minister Falk durch eine Verfügung vom 29. Februar 1872, welche hinfort bei allen öffentlichen höheren Lehranstalten die Dispensation vom Religionsunterricht für zulässig erklärte, sofern ein genügender Ersatz dafür nachgewiesen würde, dergleichen Unzuträglichkeiten zu beseitigen suchte. Allein eben so klar ist, daß die Schwierigkeiten damit keineswegs vollständig beseitigt sein konnten. Die Verfügung mochte immerhin sagen, daß an der Zugehörigkeit der religiösen Unterweisung zu der gesammten Aufgabe der höheren Lehranstalten sowie an dem Lehrziel des Religionsunterrichtes derselben durch jene Bestimmung nichts geändert werde, thatsächlich war mit der Anerkennung dieser Dispensationsmöglichkeit doch das Princip der nothwendigen Zugehörigkeit des Religionsunterrichtes zum Gesammtlehrplan stark gefährdet. War doch jetzt thatsächlich am dortigen Gymnasium der Zustand eingetreten, daß der gymnasiale Religionsunterricht des Dr. Wollmann nur von 29 Schülern, dagegen der Unterricht des von dem Diöcesan-Bischofe unter Zustimmung der Staatsregierung zum Ersatz-Unterrichte außerhalb der Anstalt berufenen Dr. Krause von 186 Schülern besucht ward. Bei solchem Sachverhalt kann es nicht Wunder nehmen, wenn die entsprechenden Eltern eine Aenderung des Gymnasiallehrers selbst wünschen, kann es auch nicht befremden, wenn Reichensperger (Olpe) und Genossen zur Vertretung dieser Wünsche in der Kammer beantragten, daß ein vom Diöcesan-Bischofe anerkannter Religionslehrer an dem stiftungsmäßig katholischen Gymnasium angestellt werde. Mit geringerem Rechte beklagten sich die Antragsteller zugleich darüber, daß die Befreiung vom Besuche des Religionsunterrichtes an die Bedingung geknüpft werde, daß nach dem Befinden der Staatsbehörde ein genügender Ersatz für den am Gymnasium ertheilten Religionsunterricht nachgewiesen sei. Sie übersahen dabei die Erklärung der gedachten Verfügung, daß „ein von einem ordinirten Geistlichen oder qualificirten Lehrer ertheilter, der betreffenden Confession entsprechender Unterricht in der Regel dafür werde angesehen werden können." Wollten die Antragsteller auch dieses tadeln, daß nur in der Regel so verfahren werden solle, daß also die Staatsbehörde sich vorbehalte, Ausnahmen zu machen, so liefe das schließlich auf die Forderung hinaus, die Staatsschule solle für das Anordnen und die Unterhaltungskosten des Religionsunterrichtes Sorge tragen, übrigens aber die ganze Leitung desselben ohne jegliche staatliche Einmischung der entsprechenden Religionsgesellschaft überlassen.

Daß diese Forderung widersinnig ist, liegt ebenso auf der Hand, wie daß bei dem derzeitigen Geiste confessioneller Unverträglichkeit das nothwendige Zusammenwirken staatlicher und kirchlicher Behörden bei Bestimmungen über den confessionellen Religionsunterricht, über die zu brauchenden Lehrbücher, über die anzustellenden Lehrer auf Schritt und Tritt gefährdet bleiben muß. In keinem Falle kann die Staatsbehörde genöthigt sein, jeden beliebigen Religionslehrer, den ein Bischof oder Superintendent als solchen designiren mag, unbesehen auch ihrerseits als tauglichen Religionslehrer in der Staatsschule anzustellen; ebenso wenig könnte sie einen Katechismus mit einem die Staatsgesetze selbst verdammenden Syllabusanhang als Schulbuch in der Staatsschule dulden. Der Staat muß die von ihm abhängige Schule gegen das Eindringen eines zwiespältigen Geistes gesetzlich schützen können. Er mußte daher bedacht sein, solche schützende Gesetze zu schaffen.

In Preußen hatte man diesen Schutz bis dahin nur in Vorschriften über das nöthige Zusammenwirken kirchlicher und staatlicher Organe gesucht, hatte es aber an klaren gesetzlichen Bestimmungen fehlen lassen für die Fälle gestörter Eintracht dieses Zusammenwirkens.

In Baden hatte die Schulgesetzgebung wenigstens das staatliche Bestimmungsrecht derartigen Störungen gegenüber schon gesetzlich zu wahren gesucht. Schon das Gesetz, den Elementarunterricht betreffend, vom 8. März 1868 bestimmte im §. 27 über den mit wöchentlich 3 Stunden bedachten Religionsunterricht der Volksschule, derselbe solle durch die betreffenden Kirchen- und Religionsgemeinschaften besorgt und überwacht werden, die Vertheilung der Religionsstunden habe zwischen dem Geistlichen und dem Lehrer im Einverständniß der beiderseitigen Behörden zu geschehen. Der gesammte Lehrplan für den Religionsunterricht sollte von der oberen geistlichen Behörde aufgestellt werden, welche die Ausführung desselben durch ihre Beamten überwachen und Prüfungen über den Religionsunterricht vornehmen lassen kann. „Die Kirchen- und Religionsgemeinschaften haben bei ihren Verfügungen in Betreff des Religionsunterrichtes in den Volksschulen die bestehende Schulordnung zu achten. Diese Verfügungen verkünden auf Mittheilung der geistlichen Behörden die oberen Schulbehörden an die Lehrer zur Nachachtung. Die Verkündung kann nicht versagt werden, wenn die Verfügungen nichts mit den allgemeinen Schulordnungen Unvereinbares enthalten. Die Geistlichen sind als Religionslehrer in den Volksschulen an die Schulordnung gebunden. Den staatlichen sowohl als den geistlichen Behörden bleibt vorbehalten, die Ertheilung des Religionsunterrichtes durch den Schullehrer abzustellen." — Damit sprach das Gesetz doch wenigstens unzweideutig aus, daß die Anordnungen der geistlichen Behörden über den Religionsunterricht sich mit der staatlichen Schulordnung in Einklang zu halten, daß auch die geistlichen Religionslehrer in den Volksschulen sich dem staatlichen Schulgesetz unterzuordnen haben. Das Schulgesetz führte damit aus, was ähnlich schon der

Gesetzentwurf über die rechtliche Stellung der Kirchen und kirchlichen Vereine vom 2. Mai 1860 in seinem §. 12 bestimmte, welcher sagte: „Den Religionsunterricht überwachen und besorgen die Kirchen für ihre Angehörigen, jedoch unbeschadet der einheitlichen Leitung der Unterrichts- und Erziehungs-Anstalten."

Schon damals bemerkte Jolly in einer Schrift über diese Gesetzentwürfe, dieselben würden bei Conflicten unzulänglich sein. Die Kirche könne sich über die Ertheilung des Religionsunterrichtes in den Staatsschulen mit dem Staate vereinbaren, aber der Staat habe nicht das Recht, ja nicht einmal die thatsächliche Macht, die Kirche zu einer Vereinbarung zu zwingen. Der Entwurf zeige recht deutlich die Unmöglichkeit, etwas Bestimmtes, allgemein Anwendbares darüber festzusetzen, die in §. 6 bestimmte Staatsleitung des gesammten Schulwesens und das in §. 12 den Religionsgesellschaften bedingungsweise gewährte Recht könnten in Conflict gerathen, ohne daß eine Entscheidungsnorm da sei. — Das spätere Schulgesetz hat daran im Wesentlichen nichts geändert. Es hat nur durch seine weiteren Ausführungen den Kirchen so zu sagen eine Mahnung zukommen lassen, das gewährte Recht der Beeinflussung des Religionsunterrichts in den Staatsschulen nicht zum Schaden des einheitlichen Schulgeistes zu mißbrauchen und hat für solche Fälle das staatliche Selbstbestimmungsrecht vorbehalten. Wie aber dasselbe beim Eintritt solcher Conflicte hinsichtlich des Religionsunterrichtes auszuüben sei, sagte das badische Gesetz ebenso wenig wie das preußische, und hat überhaupt bisher in ähnlichen Fällen noch kein Schulgesetz zu sagen gewußt, welches für die Bestimmungen über den Religionsunterricht die Vereinbarung zwischen Staat und Kirche zur Voraussetzung hat. Nach meiner Ansicht wird auch kein Gesetz unter Festhaltung dieser Voraussetzung je eine Lösung aus solchen Conflicten zu bringen im Stande sein. Auch in diesen Verhältnissen hat das Sprichwort recht mit seiner Behauptung, daß man nicht zweien Herren dienen kann. Das ging nur, so lange Staat und Kirche wie Mann und Frau zusammen hingen; seitdem sie in geschiedener Ehe leben, geht es nicht mehr.

Daher begreift es sich wohl, daß die Regierungen in Ländern, wo solche Conflicte befürchtet wurden oder hervortraten, sich getrieben fühlten, ihr staatliches Schulwesen von jeder kirchlichen Beeinflussung frei zu machen.

Diese staatliche Befreiung konnte natürlich nicht in der Weise geschehen, daß der Staat aus eigener Machtvollkommenheit den confessionellen Religionsunterricht ordnete und confessionelle Religionslehrer anstellte. Die Kirchen würden das unzweifelhaft und mit Recht als einen Uebergriff des Staates in ihr Gebiet angesehen und erfolgreich bekämpft haben. Insbesondere die katholische Kirche, nach deren Bestimmung die Religionslehre eine nur von ihr zu verleihende canonische Mission voraussetzt, würde durch Verweigerung oder Entziehung dieser Mission die staatliche Durchführung eines solchen von der Kirchenbehörde unabhängigen confessionellen Religionsunterrichtes jederzeit unmöglich gemacht haben. Wollte also der Staat seine Schulen vom kirchlichen Einfluß ganz frei machen, so mußte er sich entschließen, den confessionellen Religionsunterricht oder auch den Religionsunterricht überhaupt aufzugeben und die besondere Fürsorge dafür unter Festhaltung einer allgemeinen Staatsaufsicht ganz den Religionsgesellschaften zu überlassen.

Diese Lösung der Schwierigkeiten nun ist ebenfalls bereits in mehreren Ländern auf verschiedene Weise versucht worden.

In Deutschland war es Nassau, das durch ein Edict vom 24. März 1817, durch Gen.-Reg.-Rescr. vom 29. Aug. 1818, vom 4. Febr. 1819 und vom 21. Januar 1829, einen allgemein christlichen Religionsunterricht für alle Schulen, welche von Kindern verschiedener Confessionen besucht wurden, bis zum 10. Lebensjahre der Kinder gesetzlich einführte und ordnete. Derselbe sollte Gott als Schöpfer, Erhalter, Gesetzgeber und Vater aller Menschen in Natur, Leben und in den Aussprüchen des Gewissens darstellen, sollte Erzählungen aus der biblischen Geschichte und biographische Darstellungen der frommen Männer des alten Testamentes bringen. Die Sittenlehre wurde als Haupttheil dieses Religionsunterrichtes bezeichnet. Weder bei ihm noch bei dem übrigen Unterrichte sollte Etwas vorkommen dürfen, was Glaubenssätze oder kirchliche Einrichtungen einer oder der andern Confession betreffe. Besonders sollte jede Auslegung der Bibel dem späteren confessionellen Religionsunterrichte vorbehalten bleiben. In den Schulen sollte weder aus einem kirchlichen Gesang- oder Gebetbuche gesungen und gebetet, noch in einem Katechismus gelesen werden. In Ansehung des Gebetes oder Gesanges, mit dem die Schule eröffnet oder geschlossen werden sollte, hatten sich die Geistlichen der verschiedenen christlichen Confessionen über die Form zu einigen, welche durch den Schulinspector der Landesregierung zur Einsicht vorzulegen war. — Erst in dem Rescript von 1829 wurde „gestattet", in Gemeinden mit Lehrern oder Geistlichen verschiedener Confessionen den allgemeinen Religionsunterricht mit einem confessionellen zu vertauschen, „welcher den bescheidenen Geist christlicher Duldung gegen Andersdenkende und deren Glauben nicht ausschlösse und das Gemeinsame in der Lehre aller Confessionen ebenfalls hervorheben solle." — In Nassau selbst haben diese Bestimmungen keine dauernde Befriedigung gebracht, dem Einen gingen sie nicht weit genug, dem Andern zu weit. Schon im Jahre 1834 wurde auf einer Schulconferenz der Vorschlag gemacht, man möge die Bibel aus den Schulen ganz weglassen, denn da sie als Staatsanstalt nicht nur allen christlichen Confessionen, sondern mit gleicher Berechtigung auch den Juden offen stünden und von ihnen besucht würden, so müßten dieselben doch nothwendig am neuen Testamente Anstoß nehmen. Der Vorschlag zog eine prinzipiell unstreitig richtige Folgerung, wurde aber damals beseitigt. — Mehr Erfolg hatte der von dem Bischof von Limburg gleich nach dem Antritt seines Amtes schon im Jahre 1834 unternommene Kampf gegen das confessionslose Schulwesen, zumal der evangelische Episkopat dasselbe Verlangen stellte. Zufolge dieser kirchlichen Bemühungen ist dann der allgemeine Religionsunterricht im Jahre 1846 aufgehoben worden.

Daß über die Handhabung desselben, so lange er bestand, in den Gemeinden viel religiöser Zwist entstanden sei, ist mir nicht bekannt. Noch neuerdings hat Dr. Schirm aus Wiesbaden bei den im Juni 1872 vom preußischen Minister zur Berathung des Volksschulwesens berufenen Versammlung dieser Bestimmung des Nassauschen Schulgesetzes von 1817 rühmend gedacht. Für die Beseitigung der religiösen Conflicte unserer Zeit würden aber allerdings diese Bestimmungen schwerlich ausreichen. Auf der einen Seite würde die ausschließliche Berücksichtigung der Christen als unberechtigte staatliche Einseitigkeit erscheinen und auf der anderen Seite würde gegenwärtig die Staatsbehörde schwerlich in der Lage sein, die Geistlichen verschiedener Confessionen zur Einigung wegen eines gemeinsamen Schulgebetes und Schulgesanges zu vermögen. Für unsere Zeit ist auch dieses Gesetz principiell nicht scharf und klar genug.

Unter unsern europäischen Ländern ist unstreitig Holland am weitesten gegangen in der Abscheidung des confessionellen Elementes vom Schulunterrichte. Das zur Zeit der Herrschaft des rein natürlichen Gottesglaubens gegebene Gesetz vom 15. August 1806 bestimmte in seinem Art. 24 nur, daß die Schulkinder vorbereitet würden zur Ausübung aller socialen und christlichen Tugenden. Nach Art. 25 sollten Maßregeln getroffen werden, daß die Schüler nicht ohne Unterricht in dem Dogma desjenigen religiösen Bekenntnisses bleiben, dem sie angehören. Doch sollte nicht der Lehrer für diesen Theil des Unterrichtes zu sorgen haben. Es schien nicht räthlich, in den allen verschiedenen Glaubensgenossen zugänglichen Schulen die zwischen ihnen streitigen Lehren zu berühren, für besser wurde erachtet, den besonderen Religionsunterricht der Kirche zu überlassen.

Doch blieb gestattet, daß der Religionsunterricht außer der Schulzeit im Schullocale gegeben werde. Der Staatssecretär forderte damals die Geistlichen auf, diesen Unterricht ihrerseits zur Ergänzung des Schulunterrichtes zu übernehmen; dieselben nahmen die Anordnung allgemein günstig auf. Auch der katholische Archidiakonus von Friesland meinte: „Damit Eintracht, Freundschaft und Liebe zwischen den verschiedenen religiösen Gemeinschaften herrsche, sei es nothwendig, daß die Lehrer keinen Unterricht in dem Dogma der verschiedenen Bekenntnisse ertheilten." Da zur Zeit der Gesetzgebung von 1806 noch eine größere Anzahl kirchlicher Diakonieschulen und Privatschulen vorhanden war, so berührte die Maßregel anfangs die kirchlich gesinnten Staatsbürger wenig. Die genannten Anstalten bewahrten noch Jahrzehnte hindurch den confessionellen Charakter; erst allmählig wurden dieselben von den öffentlichen Schulen verdrängt. Doch auch diese bewahrten bis in die dreißiger Jahre einen allgemein christlichen, wenn auch keinen confessionellen Charakter. Ein allgemeiner Gebrauch der Bibel, der biblischen Geschichte und eines christlichen Gebetes erhielt sich noch in ihnen. Seit dieser Zeit aber trat immer häufiger Zwist hervor über die Handhabung dieses allgemein christlichen Religionsunterrichtes, so daß die Schulregierung genöthigt wurde, auf die strengere Ausführung des Schulgesetzes zu halten. So kam es zu einer Verordnung des Gouverneurs von Süd-Holland, welche den Gebrauch der Bibel „auch in den ausschließlich von protestantischen Kindern besuchten Schulen" verbot. So wurde im Jahre 1853 ein Schullehrer in der Provinz Utrecht durch Beschluß der Provinzialstände suspendirt, „weil er die Bibel während der gewöhnlichen Schulzeit zum Lesen, zum Vorlesen und dann zum Auslegen des Gelesenen gebraucht habe." — Aehnlich ging es mit der allmählichen Entfernung der biblischen Geschichte in Folge der Klagen der Katholiken. Schon im Jahre 1830 traten in Süd-Holland die Katholiken gegen das Lesen der Jahre lang gebrauchten Bücher der biblischen Geschichte auf, im Jahre 1842 wiederholte der Erzpriester der Diöcese diese Klagen in einer an die Provinzialstände gerichteten Adresse. Diese Klagen führten dann endlich zur immer engeren Einschränkung oder gar Abschaffung der biblischen Geschichte. Es kam vor, daß in einer Gemeinde Gelderlands, in welcher unter etwa 2000 Knaben 15—20 katholische sich befanden, der Unterricht in der biblischen Geschichte auf Begehren des katholischen Pfarrers aufgegeben wurde. — Kurz die wachsenden Zwistigkeiten haben dazu geführt, auch das allgemein christliche Element des Unterrichtes aus den holländischen Staatsschulen mehr und mehr zu verdrängen.

Erklärlicher Weise stellten alle diese Bemühungen um die Ausführung des Prinzips der confessionslosen Schule weder die strenggläubigen Katholiken, noch die strenggläubigen Protestanten zufrieden. Die Ersteren behaupteten, daß immer noch unter dem Namen des allgemein Christlichen sich ein überwiegend protestantisches Element einschleiche, sie bestanden daher auf genauer Vollziehung der Bestimmungen des Gesetzes von 1806, verlangten strenge Fernhaltung der Bibel und überhaupt alles confessionell Dogmatischen von der Schule, und wollten lieber den Religionsunterricht ganz aus der Schule verbannt, als in einer mehr oder weniger protestantischen Richtung gegeben sehen. — Die Protestanten dagegen behaupteten, daß die Beschränkung des religiösen Elementes auf das allgemein Christliche nicht nur dem confessionellen, sondern dem christlichen Glauben überhaupt Schaden bereite. Sie meinten, dieses Absehen von allem Confessionellen müsse auch im Geschichtsunterrichte sogar das nationale Volksbewußtsein trüben, das gerade in der Lossagung von Rom seine Größe und Stärke gefunden habe. Unter dem Einfluß der Universität Utrecht als Mittelpunkt der calvinistischen Rechtgläubigkeit bildete sich eine ultra-evangelische Partei, deren Führer Groen van Prinsterer ward. Diese Groenisten beschlossen, den Fortschritten der römischen Kirche Einhalt zu thun, indem sie das Prinzip der gemischten Schulen offen angriffen. Sie stellten dieselben als Pflanzstätten des Atheismus, als Heerd des Unglaubens und der Unsittlichkeit dar und verlangten statt ihrer Secten- oder Confessionsschulen mit einem positiven Religionsunterrichte.

Diese Opposition hat dann besonders in den Kammersitzungen von 1854 bis 1857 zu heftigen Debatten über das Grundprinzip des confessionslosen Schulgesetzes und die Zulassung oder Begrenzung der Unterrichtsfreiheit geführt, im Jahre 1857 sogar einen Wechsel des Ministeriums veranlaßt. Aber auch das neue Ministerium unter Van der Bruggen und Van Rappard, von dem sich Groen van Prinsterer das Beste versprach, überzeugte sich bald, daß doch die gemischten Schulen nach dem Gesetz von 1806 schon zu sehr zur Landesgewohnheit geworden, um durch Confessionsschulen ersetzt werden zu können. Van der Bruggen behielt daher in seinem 1857 vorgelegten Gesetzentwurf das Prinzip des Schulgesetzes von 1806 bei und entnahm ferner dem ersten Gesetzentwurf von 1854 den Vorschlag, Confessionsschulen facultativ zuzulassen. Es gab darüber eine lebhafte und lehrreiche Debatte in der Kammer. Der Abgeordnete Hoffmann wollte nicht den Unterricht der Religion, aber die Religion im Unterrichte der Schule, er erklärte sich für die Zulassung christlicher Confessionsschulen mit Ausschluß der Israeliten von denselben. Blaugot ten Kate, der Abgeordnete von Gröningen, vertheidigte dagegen die Pflicht des Staates, sein System der gemischten confessionslosen Schulen aufrecht zu erhalten. Das Gegentheil sei ungesetzlich, denn der Art. 194 der Constitution bestimme, „der öffentliche Unterricht soll durch ein Gesetz in solcher Weise geordnet werden, daß der religiöse Glaube Aller geachtet bleibe." Das sei nur möglich, wenn von der Religion das Allen Gemeinsame gelehrt werde. Auch sei die christliche Moral nicht minder positiv, als die christliche Glaubenslehre. Ueber diese aber streite man, über jene seien Alle einig. Es werde selbst einen Israeliten nicht beleidigen, wenn Christus als sittliches Ideal betrachtet werde. Christus als Heiland und Erlöser darzustellen könne man bei der Verschiedenheit der Auffassung keinem Lehrer überlassen. Auch könne man das Kind in der Schule nur zu einem allgemeinen Gefühl seiner Unvollkommenheit, seiner Fehler und Sünden, und zu einem lebhaften Bedürfniß nach Religion bringen. Durch Absehen vom Confessionellen werde die Schule keineswegs gottlos. In allen Religionen gäbe es zwei Hauptwahrheiten, den Glauben an eine göttliche Vorsehung und an Unsterblichkeit der Seele; diese beiden Hauptwahrheiten müßten in der gemischten Schule gelehrt werden, um christliche Tugend zu begründen. Er glaube nicht, daß diese natürliche Religion genüge, aber da diese beiden Grundwahrheiten der natürlichen Religion und der positiven Religion gemeinsam seien, so gäbe die Lehre derselben die beste und in gemischten Schulen einzig mögliche religiöse Vorbereitung. — Ein anderer Abgeordneter, Nolthenius, verwarf im Interesse des dogmatischen Christenthums selbst den confessionellen Unterricht in der Schule. Zur Warnung wies er darauf hin, daß in Deutschland gerade durch diesen positiven Religionsunterricht der Schulen der Rationalismus in die Massen gedrungen sei. Uebrigens schloß er sich ganz den folgenden Worten der Adresse an, welche am 23. Mai 1837 die Synode der lutherischen Kirche erlassen hatte: „Es würde ein Unglück für das Land und auch für die Kirche sein, wenn der Staat für jede Confession gesonderte Schulen eröffnete, welche die Kinder gewöhnten, von Kindheit auf die Bürger derselben Nation in so viel Theilungen gesondert zu sehen, als es verschiedene Secten giebt, die frühzeitig in ihnen die evangelische Toleranz erstickten, diese Duldung fremder Irrthümer in Milde, und die in den Niederlanden zum großen Schaden des gemeinsamen Vaterlandes die religiösen Zwistigkeiten erregen würden." — Groen van Prinsterer vertheidigte dagegen lebhaft seine Partei. Es gäbe keinen tauglichen Primärunterricht ohne Religion und keine Religion außerhalb der positiven Culte, ohne in einen vagen Gottesglauben zu fallen, der nur ein Weg zur Gottlosigkeit und zum Unglauben sei. Er wollte sogar eine Revision der Constitution verlangen, wenn es wahr sei, daß dieselbe confessionslose Schulen fordere. — Der Abgeordnete van Forest, der übrigens mit den Groenisten stimmte, anerkannte doch, daß der Staat keine Confessionsschulen gründen könne. Er wollte den einzig richtigen Ausweg darin finden, daß der Privatunterricht die Regel und der öffentliche Unterricht die Ausnahme werde, daß demnach die Regierung ihren Einfluß auf eine gelegentliche Aushülfe und eine allgemeine Aufsicht beschränke. Der Minister van Rappard und der Justizminister van der Bruggen sprachen für die gemischte Schule, weil sie der Constitution entspreche, und für ihren vermittelnden, Confessionsschulen facultativ zulassenden Gesetzentwurf, weil derselbe allein im Stande sei, die verschiedenen Ansprüche zu befriedigen. Die Kammer behielt bei der Abstimmung den Art. 24 mit der Bestimmung über die Erziehung zu christlichen Tugenden bei, verwarf aber die facultativen Confessionsschulen mit 65 gegen 2 Stimmen. In der ersten Kammer war die Opposition nur durch ein Mitglied vertreten. Der Entwurf wurde bald darauf zum Gesetz.

Die gegnerische Parteiagitation im Lande hörte aber damit nicht auf. Die Groenisten gründeten 1861 einen Verein für christlich nationale Schulen und gewannen durch Anlage entsprechender Privatschulen entschieden weiteren Boden. Auch versuchten sie noch wiederholt in der Kammer eine Aenderung des Gesetzes herbeizuführen. In der Sitzung vom 11. Juni 1867 stellte der Abgeordnete de Brauw geradezu einen darauf gerichteten Antrag; der Minister des Innern, Heemskerk, erklärte dagegen, das Cabinet werde unter allen Umständen das geltende Schulgesetz aufrecht erhalten; der Antrag fiel. Im folgenden Jahre wurde in der Sitzung vom 12. December bei der Budgetberathung wiederum die Frage aufgeworfen und abermals die Aenderung des Gesetzes vom Ministerium abgewiesen. Das Gleiche ist 1881 bei Berathung des Einführungsgesetzes zum neuen Schulgesetz geschehen.

Aus dem Beispiele Hollands sehen wir also, daß man durch Annahme eines confessionslosen Schulsystems nicht ohne Weiteres eine allseitige Befriedigung zu erzielen hoffen darf. Die an Alleinherrschaft oder Vorherrschaft gewöhnten Anhänger strengeren Confessionalismus lernten nicht gleich ihre einseitigen Ansprüche beschränken und in der Duldsamkeit der gemischten Schulen ein nationales Heil erkennen. Andererseits sahen wir die gesteigerte religiöse Empfindlichkeit der in confessionslosen Schulen völlig gleich zu stellenden verschiedenen Glaubensgenossen sich zu Ansprüchen hinsichtlich der Behandlung mancher Gebiete auch des weltlichen Wissens, namentlich der Geschichtsbetrachtung, versteigen, bei welchem der betreffende Unterricht farb- und gesinnungslos zu werden drohte. Trotzdem hielt die Regierung, gestützt auf die Mehrheit der Landesvertretung, standhaft fest an dem schon zu Anfang dieses Jahrhunderts beliebten confessionslosen Schulsystem, als dem doch immerhin noch besten Mittel, um den nachtheiligen Einfluß des Religionszwistes auf die Schulen zu verhüten oder doch durch Gewöhnung an verträgliches Zusammensein von Jugend auf zu mildern.

Ganz ähnliche Erfahrungen wie Holland zeigen uns England, Nordamerika und neuerdings auch Belgien und Frankreich.

In England hat sich die Regierung lange Zeit wenig oder gar nicht um das Schulwesen bekümmert. Es blieb der Kirche, Privatvereinen oder Privatpersonen überlassen, je nach ihrem Sinne Das zu thun, was sie für gut hielten. Man kann nicht sagen, daß in dieser Freiheit die englische Kirche sich durch Hebung des Schulwesens besonders verdient gemacht hätte. Am meisten leisteten die verschiedenen Schulvereine. Von diesen jetzt noch wirksamen Schulgesellschaften trat zuerst die Brittische Gesellschaft hervor mit dem Prinzipe „Christenthum ohne Sectenthum." Dieselbe wollte eine allgemeine christliche Grundlage festhalten, mit Ausschluß alles Confessionellen. Die Bibel sollte ohne Anmerkung oder Erklärung in der Schule gelesen werden. Diese Anordnung erschien als das einfachste Mittel, um Kinder der verschiedensten Religionsparteien in einer Schule vereinigen zu können. — Gegen dieses Schulsystem erhoben sich die Episkopalen, welche in dem Ausschluß des Katechismus als dem einzig richtigen Exponenten der Schriftwahrheit ein Uebel für die Schule fanden. Sie gründeten daher mit Hülfe des Dr. Bell im Jahre 1811 die National-Gesellschaft, welche 1818 Corporationsrechte und 1832 von Dr. Bell ein Vermächtniß von 120,000 Pfund für ihre Volksschulen erhielt. Ausgesprochener Zweck dieser Gesellschaft ist, die Erziehung der Armen in den Grundsätzen der Staatskirche zu befördern, also demgemäß in ihren Schulen confessionellen Religionsunterricht zu pflegen. Geistliche dieser Kirche sind vorwiegend bei der Leitung dieser Gesellschaft betheiligt. — Weil diese Gesellschaft zu exclusiv zu werden drohte, wurde im Mai 1853 von Mitgliedern der evangelischen Partei der Staatskirche eine neue Gesellschaft, die Erziehungsgesellschaft der Kirche von England, gegründet, deren Präsident ein Laie sein muß. Auch sie läßt übrigens in ihren Schulen confessionellen Religionsunterricht ertheilen. — Nach dem 1861 erstatteten Bericht der vom Parlament eingesetzten Erziehungscommission unterhielt die Brittische Gesellschaft 1,131 Tag- und 108 Abend-Schulen, während die National-Kirche in 19,549 Tag- und 1,547 Abend-Schulen vertreten war. Neben diesen Schulgesellschaften unterhielten dann noch Katholiken und Juden, wie auch die verschiedensten Religionssecten ihre eigenen Schulen. Die Zahl der von solchen Religionsgemeinden unterhaltenen Schulen belief sich damals für England und Wales im Ganzen auf 22,647 mit 1,549,312 Schulkindern, während die Zahl der nicht besonders mit Religionsbestimmungen in Verbindung stehenden Schulen nur 357 mit 43,098 Kindern beträgt. — Außerdem gab es noch eine geringe Anzahl Schulen, nach ihrem Stifter Birbeckschulen genannt, in denen aller Religionsunterricht, selbst die Bibel, von der „ausschließlich weltlichen Unterweisung" ausgeschlossen ist; der Religionsunterricht ward ganz den Sonntagsschulen überlassen. Solcher Birbeckschulen gab es damals in England und Wales nur 10 mit 1,088 Kindern.

Die Regierung benahm sich den confessionellen Ansprüchen gegenüber stets sehr vorsichtig und rücksichtsvoll. Als zuerst im Jahre 1833 das Parlament zur Beförderung des Volksschulwesens einen Zuschuß von 20,000 Pfund bewilligte, überließ die Regierung die Verwendung dieser Summe den beiden großen Schulgesellschaften. Die Regierung beschränkte sich auf ein System der Unterstützung, dessen Plan 1846 und 1847 festgestellt wurde. Es bestand diese staatliche Mitwirkung wesentlich darin, daß die Vorbildung der Lehrer unterstützt ward und daß die Regierung für die gewährte staatliche Hülfe ein Aufsichtsrecht beanspruchte, das aber den Ansprüchen der verschiedenen Confessionen und Secten gegenüber fast allzu ängstlich begrenzt ward in Berücksichtigung der Confession der Inspectoren und dem Ausschluß des Religionsunterrichtes von der Aufsicht. Als Bedingung der Staatsunterstützung sollte überdies gelten bei den Juden, daß täglich das alte Testament, bei den Dissidenten, daß täglich ein Stück aus der Bibel in den Schulen gelesen würde. Die völlige Abtrennung des Religionsunterrichtes erklärte auch noch die Erziehungscommission in ihrem Berichte von 1861 für nicht entsprechend den Gefühlen des Landes. Das einzige Prinzip, welches ausführbar sei und dem Bedürfniß des Landes entspreche, sei das der Nicht-Einmischung in den Religionsunterricht der verschiedenen Confessionen.

Allgemein war jedenfalls diese Ansicht nicht. Vielmehr hat in neuerer Zeit das Prinzip der confessionslosen Birbeckschulen immer mehr Anhang gewonnen. Schon Wiese in seinen „Deutschen Briefen über englische Erziehung" erwähnt, daß in Berücksichtigung der großen Sectenzahl in England die Behauptung aufgestellt werde, die religiöse Ueberzeugung habe in unserer Zeit viel zu viel Abweichungen, als daß der höhere Schulunterricht nicht besser daran thäte, sich einer Berücksichtigung desselben ganz zu enthalten. Der

Unwille über das Verhalten der Kirchlichen nehme in bedenklicher Weise zu. Man verbinde schon mit dem Namen des Klerus die Vorstellung des Widerstrebens gegen jeden Fortschritt. Bei einigem Entgegenkommen könne noch viel heilsames gewirkt werden, während in längerem Verzuge die Gefahr der völligen Verweltlichung des Schulunterrichts liege. — Die letzte Zeit hat dies bestätigt. Schon im Jahre 1856 brachte Fox im Parlament eine Bill ein, nach welcher aller Religionsunterricht aus den Volksschulen entfernt werden sollte. Die Bill fiel damals durch, aber die Agitation für das confessionslose Schulsystem nahm seitdem zu. Lebhaft sprach Mr. Cowper für dasselbe auf der Versammlung für Socialwissenschaften zu Liverpool im Oktober 1858, derselbe wollte in diesem Ausschluß das einzige Mittel finden, um den Knoten der religiösen Schwierigkeit zu durchschneiden. Seitdem fand dieses Prinzip immer neue und tüchtigere Vertreter. Es bildete sich zur Durchführung des confessionslosen Schulsystems 1869 eine Erziehungsliga, welcher unter Anderen auch Mill und Lord Russell angehörten. Dieselbe ist in wenigen Jahren auf 10,000 Mitglieder angewachsen und verfügt bereits über ein Vermögen von 50,000 Lstr. In Folge dieser Agitation ist die Frage wiederholt im Parlament zur Sprache gekommen, bis dann endlich die Educationsacte von 1870 einen vorläufigen Abschluß brachte. Nach derselben soll hinfort der Schulvorstand der Gemeinde darüber zu bestimmen haben, ob die von ihr abhängige Schule confessionell oder confessionslos sein soll.

Dieselbe Bestimmung war schon das Jahr zuvor in den Unterrichtsgesetzentwurf für Schottland aufgenommen worden mit der weiteren Bestimmung, daß die Religion keinen Gegenstand der Schulprüfung bilden dürfe.

Confessions- und Religionslosigkeit der Schule ist also damit für England und Schottland facultativ zugelassen. Prinzipiell gefordert ist sie bereits seit Jahren für das Schulwesen Irlands.

Der protestantische Erzbischof Boulter stiftete bereits im Jahre 1730 eine Gesellschaft für den Unterricht armer Kinder in der englischen Sprache und christlichen Religion, welche 1733 Corporationsrechte erhielt. Das irische Parlament unterstützte die Gesellschaft. Katholische Kinder wurden in diese Schulen frei aufgenommen, um sie für den Protestantismus zu gewinnen. Diese offen ausgesprochene Tendenz des Proselytenmachens hemmte das

Wirken der Gesellschaft. Trotz der Parlamentsunterstützung gab es 1769 nur 52 solcher Schulen mit 2,100 Kindern, und als die Staatshülfe aufhörte, gingen die Schulen rasch wieder ein. Nicht viel besser erging es mehreren anderen Schulgesellschaften mit propagandistisch protestantischem Charakter, demgemäß auch die ihre Schulen besuchenden katholischen Kinder, wenn auch nicht zum Lernen des englischen Katechismus, so doch zum Bibellesen gezwungen wurden. Die armen Katholiken schickten deßhalb ihre Kinder lieber zu den von ihnen selbst elend bezahlten und von ihren Priestern geleiteten Lehrern, welche in Scheunen und an Zäunen ihre Schulen hielten, die darnach den Namen Heckenschulen erhielten.

In einem Lande, wo fast ⅘ der Bevölkerung Katholiken waren, befand sich diese protestantische Schulpropaganda offenbar im Unrecht. Da überdies die Protestanten unter sich in Secten verschiedener Art gespalten waren, schien bald der einzige Ausweg in der Annahme des confessionslosen Erziehungssystems zu liegen.

Unter solcher Erwägung setzte die Regierung 1829 eine Commission nieder zur Berathung; dieselbe bestand aus drei Staatskirchlichen, zwei Presbyterianern und zwei Katholiken. Sie einigte sich ohne Schwierigkeit darüber, daß die Nationalschulen für alle Kinder ohne Unterschied der Confession sein sollten. Aber den Religionsunterricht wollte man zuerst nicht ganz ausschließen. Es sollten wenigstens Auszüge aus der heiligen Schrift in autorisirter Uebersetzung in den Schulen gelesen werden. So weit gab der katholische Erzbischof Dr. Murray nach; aber seine untergebenen Bischöfe weigerten sich, eine andere als die Douayübersetzung in den Schulen zu gestatten. Da blieb der Commission nichts übrig, als den Religionsunterricht von dem übrigen Schulunterricht zu trennen, ihn der Fürsorge der Eltern und Vormünder frei zu überlassen und einen oder zwei Tage in der Woche dafür anzusetzen. Die Befolgung dieses Prinzipes wurde der 1831 eingesetzten National-Unterrichtsbehörde zur Aufgabe gemacht, und ist dies das Prinzip, auf dem noch jetzt das System der Nationalerziehung in Irland gegründet ist.

Die strengen Protestanten waren natürlich mit diesem Systeme nicht einverstanden; sie erklärten offen, es sei die Aufgabe der evangelischen Kirche in Irland, das Volk allmählig zu evangelisiren und dazu habe das bisherige vor der Einmischung der Regierung beobachtete Schulsystem die beste Handhabe dargeboten, indem es verstattete, in 8000 Schulen biblischen Unterricht nach evangelischem Sinne zu geben. Bei solcher Fernhaltung der Protestanten von den Nationalschulen gewannen die zufrieden gestellten Katholiken um so größeren Einfluß auf sie. Um endlich der Zunahme der Nationalschulen ein Gegengewicht entgegen zu setzen, gründeten die Episkopalen mit dem Primas von Irland und mehreren Prälaten an der Spitze im Jahre 1840 die protestantische Gesellschaft für kirchlichen Unterricht in Irland. Dagegen schlossen sich die Presbyterianer im Jahre 1840, die Wesleyaner im Jahre 1859 dem Prinzipe der Nationalschulen an, und noch im Jahre 1860 erklärte selbst der Primas von Irland seine bedingte Zustimmung. Der Besuch dieser confessionslosen Nationalschulen hat seit dem Beginn bedeutend zugenommen. Man zählte 1858 in 5,408 Nationalschulen 803,610 Kinder, darunter 481,064 Katholiken, 29,130 Episkopale, 57,018 Presbyterianer, 2,216 Dissidenten. Die kirchliche Erziehungsgesellschaft dagegen besaß 1859 im Ganzen nur 1,615 Schulen mit 78,487 Kindern, darunter 11,963 Katholiken, 51,963 Episkopale und 14,580 Dissenter.

Doch ist gerade in dem letzten Jahrzehnt auch in Irland wieder lebhaft über dieses Schulsystem gestritten worden. Auch die Katholiken waren nicht mehr zufrieden mit demselben und strebten unter Führung ihrer Bischöfe die Volkserziehung ganz in ihre Hand zu bekommen. Die Forderung, auch für Irland das englische System der bloßen Schulunterstützung seitens der Regierung einzuführen, ward wiederholt im englischen Parlament zur Sprache gebracht. Im Oberhause erklärte Lord Russel am 8. März 1869 diese Gleichstellung für unthunlich. Da der Staat in Irland 93%, in England nur 40% zum Schulwesen beisteuere, sei er auch berechtigt, für das irische Schulwesen größeren Einfluß zu beanspruchen und mit diesem vertrage sich nur das confessionslose National-Schulsystem.

Auch von anderer Seite wurde wiederholt hervorgehoben, daß ebenfalls das englische Erziehungswesen, je mehr es aufhöre freiwillig zu sein, um so mehr auch werde aufhören müssen confessionell zu sein. Wir haben gesehen, daß in letzter Zeit mit der für nöthig befundenen Steigerung des Staatseinflusses auf das Schulwesen auch diese vorausgesehene Zunahme der Anhängerschaft des confessionslosen Schulsystems bereits eingetreten ist. In immer weiteren Kreisen gewinnt die Ansicht Geltung, daß bei zunehmender religiöser Sectenspaltung das confessionslose Schulsystem das einzige sei, welches jedem religiösen Bedürfnisse seine Gewährung sichere ohne das Bewußtsein nationaler Zusammengehörigkeit schon von Jugend auf durch religiöse Schultrennung zu schädigen. „Mögen alle Parteien — so schloß Mill eine öffentliche Rede — denjenigen Religionsunterricht haben, den ihr Gewissen billigt, und für welchen sie bereit sind zu zahlen. Wenn mir aber Jemand sagt, sein Gewissen fordere, daß andere Leute Religionsunterricht genießen, gleichviel ob sie wollen oder nicht, und daß sie denselben in den Schulen haben sollen, obgleich sie ihn wo anders vorziehen würden, und daß man ihnen in den andern Unterrichtsfächern nicht helfen solle, falls sie sich nicht darein fügen, den Religionsunterricht mit in den Kauf zu nehmen, dann sage ich ihm, daß er sich nicht die eigene Gewissensfreiheit sichert, sondern die anderer Leute mit Füßen tritt." — Diese Gesinnung Mill's, die zur Abtrennung des Religionsunterrichtes vom weltlichen Schulunterrichte und zur freien Ueberlassung der Religionspflege an die Eltern und deren Religionsgemeinden führt, findet zur Zeit in England immer weiteren Anklang.

In Nordamerika ist von vornherein dieser Gesinnung gemäß das Verhältniß von Staat, Kirche und Schule geordnet worden. Es verhält sich dort mit dem Religionsunterricht ähnlich wie in Holland. Die Eröffnung des Unterrichtes mit einem Gebete und eine Bibellection abgerechnet giebt es in den öffentlichen Schulen keinen Religionsunterricht. Für denselben ist in jeder Kirche eine Sonntagsschule eingerichtet. Nur in Massachusetts und Connecticut mag es anders gewesen sein, so lange es daselbst noch eine puritanische Staatskirche gab; aber die Religionsfreiheit machte dem bald ein Ende. Im Staate New-York hat noch unlängst ein Gesetz vom 3. Juni 1851 in strengster Weise die vollständige Trennung der religiösen Erziehung von dem Elementarunterrichte vorgeschrieben. Eltern, welche für ihre Kinder einen confessionellen Religionsunterricht in der Schule wünschen, müssen sich an die passenden Privatschulen wenden. Getragen wird jenseits des Meeres dieses Schulsystem von der verbreiteten Ueberzeugung, daß es bei großer Sectenspaltung das einzig durchführbare sei und daß auch davon abgesehen die religiöse Erziehung am besten dem Hause überlassen bleibe. Wiederholt ist selbst von Gegnern dieses Schulsystems anerkannt worden, daß nicht Unglaube in Amerika zur Annahme desselben geführt hat, sondern gerade der gerechte Sinn für Heilighaltung und Wahrung der religiösen Interessen gegen ungehörige Eingriffe. „Wollte man — sagte der protestantische Professor der Theologie G. Baur in einem Artikel der Schmid'schen Encyklopädie des Erziehungs- und Unterrichtswesens über Amerikanisches Erziehungs- und Unterrichtswesen — den verschiedenen zahlreichen religiösen Gemeinschaften auch die Schule überlassen, deren Hauptaufgabe doch ist, ihre Zöglinge in demjenigen zu unterrichten, was jeder wissen kann, durch Mittheilung gemeinnütziger Kenntnisse die intellectuelle Bildung zu fördern: so würden die materiellen Mittel zersplittert, arme oder für intellectuelle Bildung sich wenig interessirende Gemeinden würden für die Schule wenig oder gar nichts thun, und selbst wo am meisten, ja vielleicht mehr geschähe, als bei der gegenwärtigen Einrichtung, würde der allgemeine Unterricht eine zu stark confessionelle Färbung erhalten, die, ohne dem religiösen Leben förderlich zu sein, dem künftigen staatlichen Zusammenwirken der Zöglinge nur die größten Nachtheile bringen könnte." Auch haben Anhänger dieses Systems wohl mit statistischen Angaben darauf hingewiesen, daß es bei der amerikanischen Freiheit doch besser stehe mit der Kirchlichkeit als in Europa trotz des Religionszwanges.

Zur Einführung eines ähnlichen Schulsystems ist neuerdings die liberale Staatsregierung in Belgien durch die nachtheiligen Folgen des früheren confessionellen Schulsystems getrieben worden. Das Schulgesetz von 1842 legte dem Staate die Pflicht auf, in der Primärschule für den Religionsunterricht zu sorgen. Die Erfahrung bewies, daß diese Bestimmung nicht zu vereinigen war mit dem Geiste der Belgischen Constitution. So nahm das neue Unterrichtsgesetz vom 1. Juli 1879 in seinem Art. 4 die Bestimmung auf: „Der Religionsunterricht bleibt der Sorge der Familien und der Geistlichen verschiedener Culte überlassen. Ein Local der Schule wird den Geistlichen zur Verfügung gestellt, um daselbst vor oder nach der Schulzeit den Schulkindern ihrer Religionsgesellschaft den Religionsunterricht zu ertheilen." — Man betrachtete diesen Artikel als den Hauptpunkt der Aenderung des früheren Schulgesetzes.

In Frankreich hat unlängst im December vorigen Jahres der Unterrichtsrath bezüglich des Religionsunterrichtes in den Mittelschulen folgendes Decret veröffentlicht: „Art. 1. In den öffentlichen Anstalten für Mittel-Unterricht ist in Bezug auf die Theilnahme der Kinder an dem Religionsunterricht und den geistlichen Uebungen stets der Wunsch der Familienväter einzuholen und zu befolgen. — Art. 2. Der Religions-Unterricht ist von den Geistlichen der verschiedenen Bekenntnisse im Innern der Anstalten und außerhalb der Klassenstunden zu ertheilen. — Art. 3. Alle diesem Decret zuwider laufenden Bestimmungen sind aufgehoben." Es ist damit also das Obligatorische des Religionsunterrichtes aufgehoben und wird die Ertheilung desselben der Fürsorge der Familie überlassen, während die Staatsschule nur den Raum dazu außerhalb der Schulzeit darbietet. Deputirtenkammer und Senat haben sich jetzt über diese Bestimmungen geeinigt.

Auch auf einem zu Rom im Oktober 1880 tagenden Congreß italienischer Pädagogen sind Beschlüsse in gleicher Richtung über die Religionslosigkeit der Volksschule gefaßt worden, die Aufsehen erregten.

III.

Mit diesem Ueberblick auf dem Gebiete der Schulordnung verschiedener Länder mag es für den Zweck unserer Betrachtung genug sein. Eine weitere Umschau namentlich in den einzelnen Ländern Deutschlands würde unstreitig noch manches Lehrreiche darbieten, aber nichts für die grundsätzliche Betrachtung wesentlich Neues und Wichtiges. Das Mitgetheilte bietet uns Anhalt genug für die prinzipielle Erörterung der aufgeworfenen Frage, wie sich die Staatsschule zum Religionsunterrichte zu stellen hat.

Die Erfahrung zeigt, daß es auf diese Frage keine runde einfache Antwort geben kann, daß es vielmehr für die Beantwortung dieser Frage überall auf die richtige Beurtheilung der besonderen Verhältnisse ankommt. Die Staatsschule hat in ihrer Stellung zum Religionsunterrichte nicht durchweg mit gleichen Schwierigkeiten abzurechnen.

Die Gegner des Staatsschulsystems werden in der Darlegung dieser verschiedenartigen Schwierigkeiten und der mannigfaltigen doch niemals allseitig befriedigenden Versuche zur Lösung dieser Schwierigkeiten die Rechtfertigung suchen für ihre Forderung der

Abhängigkeit der Schule von der Kirche. Noch einmal will ich mit wenigen Worten auf die Thorheit dieser Forderung zurückkommen. Die Gewährung dieser Forderung ist zur Zeit schon materiell ganz unausführbar. Die Kirche ist gar nicht mehr im Besitze der zur Erhaltung eines geordneten Schulwesens erforderlichen äußeren Mittel. Wenn die Kirche diesen ihren Nothstand auf den vom Staate ausgeübten Raub an ihrem ehemaligen Gute zurückführt, so vergißt sie vollständig, daß sie früher nur durch die ihr vom Staate gewährte Ausnahmestellung hinsichtlich der Abgaben und Schenkungen in den Stand gesetzt war, Reichthümer zu sammeln. Als die Kirche dann die so erworbenen Mittel mißbrauchte, um sich eine Machtstellung zu schaffen, welche sie zum Staate im Staate werden ließ, da war der Staat vollauf berechtigt, ihr nicht nur die früheren Privilegien theilweise zu entziehen, sondern auch ihr die Mittel zu einer solchen Machtstellung zu beschränken. Besäße aber die Kirche auch noch alle Kirchengüter, die sie ehemals besessen hat, so wäre sie doch durch dieselben heut zu Tage noch viel weniger als damals in den Stand gesetzt, ein genügendes Schulwesen zu unterhalten. Dazu reicht gegenwärtig nur die Gesammtmacht des Staates aus. Daß aber der Staat die Mittel hergäbe für ein kirchliches Schulsystem, wird ein halbwegs Vernünftiger schwerlich fordern, das wäre staatlicher Selbstmord. Ueberdies hat die Erfahrung von Jahrhunderten gelehrt, wie sehr der Fortschritt weltlichen Wissens unter dem Einfluß des von der Kirche abhängigen Schulwesens gehemmt wird. Auch liegt es auf der Hand, daß nur eine einige Kirche die Volksbildung einheitlich leiten konnte. Die Kirchenspaltung, die zunehmende religiöse Sectirerei hat die Loslösung der Schule von der Kirche und der Religionsgemeinde um der einheitlichen Volksbildung willen zur Nothwendigkeit gemacht. Zurück also zum kirchlichen Schulsystem geht unsere Zeit mit gutem Grunde sicherlich nicht wieder. Die Fürsorge für die gesammte Volksbildung ist und bleibt Staatsrecht und Staatspflicht. Es gilt daher nur noch für die allerdings schwierige Frage, wie sich die Staatsschule zum Religionsunterrichte stellen soll, die rechte Lösung zu finden.

Der bisherige Zustand des Schulwesens in Deutschland hatte in Betreff der Religionspflege das deutliche Ueberwiegen der einen oder der anderen christlichen Confession und den Einklang der kirchlichen und staatlichen Behörden zur Voraussetzung. Die zunehmende Zersplitterung der religiösen Richtungen innerhalb der christlichen Bekenntnisse, die bestimmteren Forderungen der bisher unberücksichtigten anderen Glaubensgenossen, die Abnahme confessioneller Gläubigkeit nicht nur, sondern allen religiösen Glaubens überhaupt und die mit diesem ganzen religiösen Entwickelungskampf unserer Zeit natürlich verbundene Steigerung religiöser Reizbarkeit endlich machen es immer schwieriger, den gegenwärtigen Zustand aufrecht zu halten. Kein Gesetz wird im Stande sein, ein friedliches Zusammenwirken der in Streit gerathenen Kirchen= und Staatsmacht auf dem Boden der Schule zu erzwingen. Es tritt daher auch in Deutschland wie bereits in anderen Ländern die Frage nach einer schärferen Auseinandersetzung immer dringender hervor. Es fragt sich, ob wir nicht auch für unser Schulwesen in der Abtrennung der confessionellen Religionspflege oder der Religionspflege überhaupt ein geringeres Uebel zu erkennen haben als in der Mitleidenschaft der Schule durch den entbrannten Religionszwist, und ob denn wirklich die freie Ueberlassung der Religionspflege an die jedenfalls zunächst betheiligten Eltern und Religionsgemeinden eine so große Gefahr für das religiöse Leben des Volkes in sich birgt, ob denn in der That die confessionslose oder selbst die religionslose Schule ein solches Schreckbild ist, als welches sie von mancher Seite unserem Volke vorgestellt wird.

Die Beantwortung dieser Fragen muß natürlich für die verschiedenen Bildungsanstalten des Staates verschieden ausfallen.

Unsere Universitäten und polytechnischen Anstalten müssen unbedingt kein anderes Prinzip als das der freien Wissenschaft anerkennen. Aus ihren Statuten muß daher gesetzlich Alles entfernt werden, was diesem Prinzip zuwider ist. Dahin gehört die beschränkte Anstellungsfähigkeit der Juden und die veralteten Paritätsbestimmungen über je katholische und protestantische Professuren des Kirchenrechts, der Geschichte und der Philosophie. Der Staat hat allein daran ein Interesse, daß das Kirchenrecht nach staatlich rechtlichem Gesichtspunkt, nicht nach dem jeweiligen Kirchenstandpunkt gelehrt wird. Die Confession des Lehrers hat damit gar nichts zu thun. Ein tüchtiger Kirchenrechtslehrer unserer Zeit muß das Kirchenrecht der Protestanten so gut kennen wie das der Katholiken. Die gleiche Unabhängigkeit von der persönlichen Glaubensstellung muß für die wissenschaftlichen Vertreter der Geschichte und der Philosophie gefordert werden. Es ist ein Hohn für die Philosophie als freie Wissenschaft, wenn die Lehrfreiheit ihrer Vertreter eine Schranke an der wechselnden Censur einer hohen Kirchenbehörde finden soll. Das führt zu den tragikomischen Folgen, die wir jetzt in Betreff der katholischen Philosophen überall wahrnehmen. Am besten fahren Diejenigen, die in bescheidener Stille selbstständig Nichts arbeiten und schreiben. Sie kommen, wenn sie auch sonst vorsichtig sind, nicht in die Lage Anstoß zu geben. Wem das nicht genügte, wen der philosophische Trieb zum fortschreitenden Selbstdenken reizte, den hat über kurz oder lang eine kirchliche Censur getroffen und in seinem Wirken lahm gelegt. Bei der Unsicherheit der kirchlichen Lehrmeinungen in letzter Zeit kommt es auch wohl vor, daß bald der eine, bald der andere Docent der Philosophie kirchlich zuverlässiger scheint und daß demzufolge nach kirchlicher Weisung die abhängigen theologischen Studenten bald zu dem einen, bald zu dem anderen in die Lehre getrieben, bald vor diesem bald vor jenem Docenten gewarnt werden. Das sind für den Staat unhaltbare Zustände. Der Staat kann nicht dulden, daß eine andere Macht die Wirksamkeit der von ihm angestellten Lehrer untergräbt, daß die Kirche für die Vertretung freier Wissenschaft noch länger ein Anrecht auf ausschließliche Anstellungen in ihrem Sinne geltend macht. Der Staat muß jedes derartige in den Universitäts-Statuten noch ausbedungene Verhältniß gesetzlich abbrechen und die Lehrer der Wissenschaften einzig und allein nach ihrer wissenschaftlichen Tüchtigkeit berufen.

Die größte Schwierigkeit ergiebt sich natürlich an den Universitäten für die wissenschaftlichen Lehrer der Religion selbst. Es fehlt nicht an solchen, welche die Glaubenslehren überhaupt nicht als Wissenschaft ansehen und deshalb die theologischen Facultäten überhaupt aufheben wollen. Die Vertreter dieser Ansicht verkennen durchaus, welches Interesse der Staat daran nehmen muß, daß auch die Religionslehre eine freie wissenschaftliche Prüfung und Bearbeitung finde. Zu welchem Grade von Unwissenheit es führt, wenn die Pflege der theologischen Wissenschaften ausschließlich den von der Kirche abhängigen Priesterseminarien überlassen bleibt, sehen wir an dem Klerus der romanischen Länder. Weil in Deutschland die Universitäten auch der theologischen Wissenschaft eine Stätte freier Forschung gegönnt haben, giebt es zur Zeit auch nur in unserm Lande eine wissenschaftliche Theologie, giebt es auch nur an unsern Universitäten Lehrer der Theologie, welche die wissenschaftliche Wahrheit höher stellen als den gefälschten kirchlichen Gehorsam. Es wäre traurig, wenn wir uns durch irregeleitete Gleichgültigkeit verleiten ließen, diesen Vorzug unseres deutschen Universitätswesens preiszugeben. Aber allerdings um diesen Segen wissenschaftlicher Forschung für die Theologie sicher zu stellen, muß der Staat die theologischen Facultäten unabhängig von der Kirche machen. So steht aber bis jetzt nur die protestantisch-theologische Facultät, deren Lehrer ohne berechtigten Einfluß der Oberkirchenbehörde nach dem wissenschaftlichen Ermessen der Staatsbehörde berufen werden können. Nach dem im Jahre 1869 von Herrn von Mühler vorgelegten Entwurf eines Unterrichtsgesetzes § 158 sollte diese bestehende Freiheit dahin geändert werden, daß in den theologischen Facultäten kein Professor sollte angestellt werden können, gegen dessen Lehre oder Bekenntniß die berufene kirchliche Behörde auf vorher zu bewirkende Anfrage Einspruch erhebe. Es sollte also auch für die protestantisch-theologischen Facultäten eine Abhängigkeit von der Kirchenbehörde geschaffen werden, wie sie für die katholisch-theologischen Facultäten statutarisch besteht. Gegen diese die Freiheit wissenschaftlicher Forschung auf dem Gebiete der protestantischen Theologie gefährdende Bestimmung erhob sich im Lande eine ziemlich allgemeine Entrüstung und hätte die Kammer, wenn das Gesetz zur Berathung gekommen wäre, sicherlich diesen Paragraphen gestrichen. Ebenso gewiß kann auch das keine Billigung verdienen, was unlängst die Generalsynode auf ihrer Oktober-Versammlung in Berlin zu beantragen beschlossen hat, nämlich daß in Zukunft der evangelische Oberkirchenrath sein Gutachten über die vom Minister für eine theologische Professur in Aussicht Genommenen unter Zuziehung des Synodal-Vorstandes feststelle. Schon die Begutachtung des evangelischen Oberkirchenrathes konnte als Beeinträchtigung wissenschaftlicher Lehrfreiheit erscheinen und ist wohl bisher in keinem Falle als Hemmniß erschienen, weil auch die theologischen Fakultäten Preußens bisher wenig Neigung gezeigt haben, von dem Minister die Berufung von Professoren freiester protestantischer Richtung zu beantragen; aber immerhin saßen doch im evangelischen Oberkirchenrath Männer der gleichen Wissenschaft, die über die Qualität des zu Berufenden nach wissenschaftlichen Gesichtspunkten zu urtheilen im Stande sein konnten. Die Zuziehung von Männern, die dazu nicht im Stande sind, verlegt den Schwerpunkt des Gutachtens in das Bedürfniß der Kirchenpraxis und der jeweiligen kirchlichen herrschenden Parteirichtung. Und das eben trägt die Gefahr einseitigen Abschlusses gegen die Nothwendigkeit freier Wissenschaftsentwickelung nach allen Seiten unbedingt in sich. Die Theologie als Wissenschaft brauchte in dieser Hinsicht nicht neuer Zügelung, sondern noch größerer Freiheit. Und selbst wenn unter Umständen durch diese Zuthat des Laienelementes bei der Begutachtung die freiere Richtung gewinnen könnte, würde mir die Sache bedenklich bleiben; weil es sich um eine Sache der alleinigen wissenschaftlichen Competenz und der staatlichen Unterrichtsverwaltung handelt. Das Hineinziehen anderer Kreise trägt den Keim neuen Streites in sich. Stimmt das Gutachten der Kirchenbehörde dann einmal nicht mit der Facultät überein, so ist die Sachlage in jedem Fall verschlimmert. Entscheidet der Minister für die Kirchenbehörde, so ist der Zwist zwischen Minister und Facultät da und der Minister kann leicht in die Lage kommen, den Professoren einen Collegen aufzudrängen, den sie nicht wollen und feindselig oder unfreundlich aufnehmen; — entscheidet sich der Minister aber für die Facultät, so wird der neu berufene Professor mit einem Makel von Seiten der höchsten Kirchenbehörde angestellt, gewissermaßen mit einer an die jungen zukünftigen Kirchendiener, die zunächst als Zuhörer von ihm lernen sollen, gerichteten Warnung. In beiden Fällen ist der Nachtheil klar. Ueberdies ist es nicht gut für das Ansehen der Theologen unter ihren Collegen, wenn ihre wissenschaftliche Freiheit mit anderem Maße gemessen wird. Auch ist gar kein Grund abzusehen, warum die Ansprüche des praktischen Kircheninteresses hier stehen bleiben sollten, sie könnten gelegentlich ebenso gut in Betreff der Philosophen und Kirchenrechtslehrer geltend gemacht werden oder nach Analogie des für die theologische Staatsprüfung von der Generalsynode schon Geforderten zu der Forderung führen, daß Philosophie und Kirchenrecht für Theologen zukünftig nur von Theologen gelesen werden dürfe. — Es wäre daher ein entschiedener Rückschritt, wenn die Abhängigkeit der evangelisch-theologischen Facultät von der Kirchenbehörde verstärkt würde; wir bedürfen vielmehr auch hier noch eines freien Fortschrittes. Ebenso gewiß aber werden wir noch weiter gehen, werden wir auch für die katholisch-theologischen Facultäten wenigstens die Unabhängigkeit von der Kirchenbehörde fordern müssen, welche die Regierung hinsichtlich der Ernennung der protestantischen Universitätstheologen schon besitzt. Unsere Regierung hat diese Unabhängigkeit bei der Berufung protestantischer Theologen wahrlich nicht zum Nachtheil der strenggläubigen Kirche gehandhabt, sie hat vielmehr in Berücksichtigung derselben eher zu viel als zu wenig gethan. Ihre Pflicht ist, auf diesem Gebiete überhaupt nicht einseitig zu verfahren und unter dem Vorbehalte wissenschaftlicher Tüchtigkeit verschiedene Richtungen zu Gehör kommen zu lassen, damit im freien wissenschaftlichen Kampfe die Wahrheit gefunden werde. Aber sie muß bei ihrer Wahl volle freie Hand haben und darf der Kirche ferner keinerlei unbedingtes Einmischungsrecht wie das Veto eines Bischofs verstatten. Kann der römische Katholicismus eine solche von den Kirchenbehörden unabhängige Vertretung der theologischen Wissenschaft nicht in gleicher Weise wie der Protestantismus vertragen, so muß der Staat auf die Vertretung desselben an den Universitäten verzichten. Für die katholisch-theologische Wissenschaft wäre das offenbar ein auch staatlich zu bedauernder Schaden, aber der Schaden wäre unbedingt geringer, als der fortgesetzte Zwist der Staatsregierung mit den Bischöfen wegen Berufung und Absetzung theologischer Professoren.

In jedem Falle hat der Staat ein berechtigtes Interesse daran, daß die von ihm dargebotenen Bildungsmittel auch von den Kreisen, für die sie bestimmt sind, benutzt werden. Daß der Staat Professoren der Theologie, bis jetzt obendrein mit Billigung der Kirche, anstellt, und daß dann hinterher die Kirchenbehörde eigenmächtig den Besuch der Vorlesungen dieser Professoren hindern kann, ist ein unhaltbarer Zustand. Der Staat mußte suchen eine Aenderung solcher Zustände dadurch herbeizuführen, daß er einmal den Gemeinden wieder zu ihrem Rechte in der freien Wahl ihrer Seelsorger zu verhelfen und dadurch die lästige Abhängigkeit dieser von ihren Kirchenoberen zu brechen suchte, und daß er ferner auch von jedem katholischen Geistlichen ebenso gut wie von jedem protestantischen Geistlichen wegen der hervorragenden Vertrauensstellung, die er unter dem Schutze des Staates im Volke genießt, eine wissenschaftliche Gymnasial- und Universitätsbildung verlangte. Daß man ohne eine solche Vorbildung sogar Bischof werden kann, wie dies mit dem letzten Bischof von Trier der Fall war, mußte unbedingt aufhören. Diese Vorbildung schloß natürlich nicht aus, daß außerdem auch noch in Priesterseminaren eine speciell geistliche Vorbildung gesucht werden konnte. Eine solche Forderung wissenschaftlicher Vorbildung aller Geistlichen hatte Baden schon durch ein Gesetz vom 6. Sept. 1867 gestellt. Der Erzbischof Hermann hatte damals gegen diese Forderung Protest eingelegt und eine Verfügung erlassen, welche den Geistlichen und den Candidaten des geistlichen Standes untersagte, sich irgendwie bei dieser Staatsprüfung zu betheiligen. Die Regierung wiederholte am 1. Nov. 1872 mit einigen die Prüfungsforderungen ermäßigenden Bestimmungen das Gesetz in der Hauptsache und der Erzbischöfliche Capitelsvicar Lothar v. Kübel wiederholte ebenso am 1. Nov. den Protest und das Verbot des verstorbenen Erzbischofs Hermann. Der Staatsregierung ist es nicht gelungen, diese offenbare Auflehnung gegen ein Staatsgesetz zu brechen. Gewiß würde der von der Badischen Regierung zuerst aufgenommene Kampf zum Ziele geführt haben, wenn Aussicht geblieben wäre, daß die Preußische Regierung, die 1873 zu gleichen Maßregeln gegriffen hat, mit dem ganzen Nachdruck ihrer größeren Kraft für das gleiche Staatsrecht ebenso unabänderlich eintreten werde. Der Beginn des Schwankens in Preußen hatte sofort eine zu weit gehende Nachgiebigkeit in Baden zur Folge. Die gegenwärtige Stellung des Klerus macht es dem Staate dringend zur Pflicht, durch seine Behörden darauf achten zu lassen, daß die Geistlichen ebenso wie andere Personen von öffentlicher Vertrauensstellung eine wissenschaftliche Vorbildung und eine genügende Kenntniß der auch für sie gültigen Staatsgesetze sich angeeignet haben. Diese vollauf berechtigte Forderung wie bisher nur für die protestantischen Geistlichen zur Geltung zu bringen, ist gar kein Grund vorhanden. Auch beweist die bisherige thatsächliche Erfahrung zur Genüge, daß der Staat keinen Anlaß hat, dem jetzigen katholischen Klerus diese zugleich wissenschaftliche wie staatliche Fürsorge selbst zu überlassen. Ueber den richtigen Modus, diese Vorbildung durch staatliche Aufsicht zu constatiren, läßt sich streiten und verhandeln.

In jedem Falle werden nur bei einer derartigen gesetzlichen Regelung die theologischen Facultäten sich halten lassen. Immerhin wird aber dann in der Erhaltung derselben noch eine christliche Einseitigkeit vorliegen, die von anderen Glaubensgenossen beklagt werden wird. Insbesondere werden ohne Zweifel alsbald auch die Juden eine Vertretung der jüdischen Theologie an den Universitäten verlangen. Die Juden thäten jedenfalls besser dies zu fordern, als wie dies neuerdings in Berlin geschehen ist, durch

Gründung einer Hochschule für jüdische Wissenschaft den Widersinn confessioneller Wissensscheidung zu vermehren. Man könnte auch unbedenklich ihrem Wunsche eine begrenzte Folge geben in der Zulassung solcher Professuren an einigen größeren Universitäten. Die jüdischen Collegen könnten dann in dem Kampfe der katholischen und protestantischen Theologen eine ganz würdige und nützliche Vermittlerrolle übernehmen und würden mit den Philosophen wahrscheinlich besser zusammenarbeiten als zeitweilig die christlichen Theologen. Die Universitäten wären dann auch auf dem Gebiete der Theologie in Wahrheit Stätten freier Wissenschaft.

Schwerer natürlich stellt sich die Frage nach dem Religionsunterrichte in den übrigen Staatsschulen.

Für die höheren Schulen, die Gymnasien und Realschulen, wäre noch eine wenigstens theilweise Erleichterung darin zu suchen, daß der Religionsunterricht nach der Confirmation aufhörte. Es ist wahrlich gar kein Grund vorhanden, warum gerade für diejenigen Kinder, welche eine höhere Ausbildung suchen, nicht genügen soll, nach der Confirmation für ihre religiöse Fortbildung innerhalb der Familie und der Gemeinde selbst zu sorgen. Es ist überdies sattsam bekannt, wie wenig religiösen Werth der Religionsunterricht in den oberen Classen der Gymnasien und Realschulen zu haben pflegt. Man gewänne durch Fortlassung desselben einige Stunden kostbarer Zeit und verbannte die religiöse Schwierigkeit für die spätere Schulzeit, in welcher es natürlich immer schwieriger wird von den confessionellen Streitfragen abzusehen.

Aber offenbar wäre dies nur eine theilweise Beseitigung der religiösen Schwierigkeit. Für die frühere Schulzeit und für die Bürger- und Volksschule bliebe dieselbe in voller Kraft bestehen, und es ist unstreitig besonders schwer hier die jeweilig richtige Lösung zu finden, denn daß es keine unbedingt richtige giebt, ist schon bemerkt.

Vor Allem scheint mir, darf man die oftmals vertretene Ansicht nicht dulden, für die sogenannte Volksschule müsse der Religionsunterricht unbedingt Hauptgegenstand sein und bleiben, für die anderen Schulen könne man unter Umständen von demselben absehen und die freie Befriedigung der elterlichen Willkür überlassen. Diese Ansicht wird nur getragen von der hochmüthigen Unterscheidung, nach welcher für das Volk eine Religion nothwendig sein soll, deren sich der Gebildete allenfalls entschlagen könne. Der Religionsglaube soll für alle Glieder des Volkes eine gleich wichtige Herzenssache sein, und es ist daher eine für alle Schulen gleich bedeutende Frage, ob die Pflege desselben besser in und durch oder außerhalb der Schule gesucht werden kann.

Ueber die Beantwortung dieser Frage müssen, wie schon gesagt, die besonderen Verhältnisse entscheiden. Nur im Allgemeinen läßt sich nach den vorliegenden Erfahrungen sagen, daß in religiös ungemischten und religiös-verträglichen Gemeinden es am einfachsten ist und bleibt, den Religionsunterricht mit dem Schulunterricht zu verbinden, daß dagegen in religiös-gemischten Gemeinden es sich verlohnen möchte, den Versuch mit einem allgemeinen vom Confessionellen absehenden Religionsunterrichte zu machen, und daß, wenn dieser Versuch wegen der religiösen Unverträglichkeit in der Gemeinde mißglückte, es zur Nothwendigkeit werden könnte, das Uebel des Religionszwistes in der Schule durch völlige Abtrennung des Religionsunterrichtes vom weltlichen Unterrichte, wenn auch nicht ganz zu beseitigen, so doch beträchtlich zu vermindern und einzuschränken.

Bei der Relativität dieser Sachlage kann es nun wohl an sich als die beste Lösung der Schwierigkeit erscheinen, wenn man, wie dies jetzt in England, Oesterreich und Baden geschehen ist, die Bestimmung über die Stellung der Schule zum Religionsunterrichte der jeweiligen bürgerlichen Gemeinde zuweist. Der Staat legt damit die Entscheidung in die Hand der Bevölkerung selbst und bleibt selbst bei dem obschwebenden Streite unbetheiligt. Für die Zukunft wird dies staatlich betrachtet ohne Zweifel das beste Auskunftsmittel sein, aber die Gewährung dieser Freiheit hat jedenfalls eine vernünftige Ordnung der Gemeinde und ihrer Stellung zur Kirche zur Voraussetzung. So lange aber der von staatlich widerspenstigen Kirchenobersten abhängige und mißleitete Pfarrer das Schulscepter in der Gemeinde führt, kann es bedenklich scheinen, das offenbare Staatsinteresse auf Ausgleichung der religiösen Gegensätze dem Belieben der einzelnen Gemeinden anheim zu geben. Leicht könnte dadurch die Schärfe der Gegensätze noch gesteigert, insbesondere eine unbillige Zurücksetzung der Ansprüche der jeweiligen Minorität herbeigeführt werden, in Folge deren private Schulversuche auftreten müßten, welche den Vortheil der gemeinsamen Staatsschule, das Gewöhnen an friedliches Zusammensein auf einer Schulbank, aufheben würden. In Berücksichtigung dieser

Sachlage wird es, so lange jene Ordnung fehlt, rathsamer sein für die Bestimmung über die Stellung der Schule zum Religionsunterrichte die Mitwirkung der vorgesetzten staatlichen Schulbehörde in Anspruch zu nehmen und in Fällen religiöser Zwiespältigkeit in den Gemeinden den Religionsunterricht lieber ganz aus der Schule herauszunehmen, die Schule confessionslos oder religionslos zu machen.

Wenn aber dann schließlich die Staatsbehörde in die Lage käme, die Lösung der jeweiligen religiösen Schul-Differenz ganz von sich ab auf die Schultern der Gemeindebehörden zu wälzen, so würde nun an diese die Verpflichtung herantreten zur unbefangenen Prüfung der ihnen zugeschobenen Frage, ob confessioneller oder allgemeiner Religionsunterricht oder confessionsloser Unterricht das für die Schule Beste sei.

Dieselben werden sich dann bald davon überzeugen, daß strenge Confessionsschulen nur in religiös-ungemischten Gemeinden durchführbar sind, oder in religiös gemischten Gemeinden nur dann, wenn die Gemeinden reich genug und geneigt genug sind für die verschiedenen Glaubensansprüche zu sorgen. Da Beides in den meisten Fällen nicht zutreffen und doch um der aufzubringenden Mittel willen die Neigung zu einem einheitlichen Schulwesen fortbestehen wird, so bietet sich als nächst liegendes Mittel zur Beseitigung oder doch zur Verminderung der Schwierigkeiten die Simultanschulen mit getrenntem Religionsunterrichte für die Angehörigen verschiedener Religion und Confession dar. Mögen in denselben auch gelegentlich bei dem weltlichen Unterricht die religiösen Differenzen wieder störend zum Vorschein kommen, so kann dies doch thatsächlich nur bei einigen Lehrobjecten und auch bei diesen nur an einigen Punkten sein. Pädagogische Zurückhaltung bei fortschreitender Bildung wird naturgemäß das Störende der Einmischung solcher Differenzen immer mehr und immer besser zu vermeiden wissen, ohne darum den Lehrer zu farbloser Verwässerung des Unterrichtes zu nöthigen. Wie diese Ausgleichung sich an den höheren Schulen seit dem vorigen Jahrhundert bereits in wachsendem Maße vollzogen hat, so wird dies allmählig auch bei den Volksschulen der Fall sein, deren knapper zusammengesetzter Unterricht ja überdies das Detail der Differenzen naturgemäß viel weniger zu berühren Anlaß hat. Allerdings behält in diesen Simultanschulen die itio in partes beim Religionsunterrichte noch ein Element der Trennung, das man aus pädagogischen Gründen beseitigt zu sehen wünschen kann. Diesen Wunsch zu erfüllen giebt es aber für die Schule unserer Zeit nur zwei Möglichkeiten, entweder die Erneuerung des Versuches einer für Angehörige verschiedenen Glaubens gemeinsamen religiösen Schulandacht oder die Herausnahme des Religionsunterrichts aus der Schule.

Daß die Versuche erster Richtung unbedingt unausführbar sind, läßt sich zur Zeit noch nicht behaupten. Allerdings haben die in Nassau, anfangs auch in Holland und theilweise ebenso in England und Amerika gemachten Versuche keine dauernde und keine allseitige Befriedigung gebracht. Aber vielleicht lag die Schuld davon an der Art dieser Versuche. Da sollten die Geistlichen verschiedenen Glaubens sich über gemeinsame Schulgebete vereinigen; das mochte allerdings bei zunehmendem Religionszwist unmöglich werden. Oder die Bibel sollte gelesen werden, aber ohne Erklärung; das war jedenfalls pädagogisch unverständig und konnte anstößig für die Judenkinder sein. Man schwankte eben unklar zwischen allgemeinem und allgemein christlichem Religionsunterricht hin und her, und legte überhaupt noch zu viel Gewicht auf die unterrichtliche Seite der Religionspflege. Ein allgemein religiöses Element wird sich aber der Schule nur in der Form einer allgemeinen sittlich-religiösen Schulandacht erhalten lassen und als solches allerdings schwer in einer Schule zu entbehren oder zu ersetzen sein.

Warum aber eine solche allgemeine Religionspflege auf Grund des Glaubens an eine göttliche Vorsehung und an eine sittliche Weltordnung, an deren Verwirklichung jeder Mensch mit Freiheit mitwirken soll, in der Schule unmöglich sein muß, vermag ich nicht einzusehen. Gerade die Kinder scheinen mir weitere Religionsunterschiede oder gar die dogmatischen Haarspaltereien der einzelnen Confessionen zu fassen noch gar nicht im Stande zu sein.

Oder vermag das Kind etwa die wunderbare Lehre von der Gottessohnschaft Christi auch nur nachzudenken? Wird nicht den Kindern gesagt, daß wir Alle Kinder Gottes sind? Sollen wir etwa die Kinder mit Bezug auf die wunderbare Geburt Christi darauf hinführen nachzuforschen, wie denn die Menschenkinder gewöhnlich geboren werden? Sagen wir ihm das nicht, dann ist das Geboren von der Jungfrau Maria für das Kind ein bloßes

Plapperwerk, das es hersagt ohne es zu verstehen. Um das Wunder als solches zu begreifen, muß das Kind zuvor den gewöhnlichen Thatbestand kennen. So lange wir ihm diesen verheimlichen, ist das Wunder für das Kind kein Wunder. — Nicht besser steht es mit dem Dogma von der heiligen Dreieinigkeit. Scharfsinnige Köpfe können wenigstens nachdenken, wie man zur Feststellung dieses Dogmas gekommen ist, und was sich Vernünftiges dabei denken läßt. Ein Kinderkopf vermag das unbedingt nicht. Für denselben ist die Lehre von der Dreieinigkeit Gottes nicht viel besser als Vielgötterei. — In gleicher Weise muß dem Kinde die Erlösungsthat Christi unverstanden bleiben, da es noch gar keine Vorstellung von der menschlichen Sündenschuld gewonnen haben kann. Gilt dies schon von den allgemein christlichen Hauptdogmen, so noch viel mehr von den einseitigen Dogmen der christlichen Confessionen. Mir ist es vollständig unbegreiflich, was ein katholischer Geistlicher mit dem Dogma der unbefleckten Empfängniß Maria's und dem allerneuesten Dogma von der päpstlichen Unfehlbarkeit in der Kinderlehre anfangen will. Kurz an der pädagogischen Tauglichkeit gemessen steht es unbedingt schlecht mit der christlichen Katechismuslehre. Gereifte Köpfe mögen sich um den tiefsinnigen Sinn dieser Dogmen streiten, für den Kinderkopf bleiben diese Glaubenssätze todte Worte.

Giebt man dies zu, behauptet aber, trotzdem müsse das Kind von Jugend auf daran gewöhnt werden, das Heilige, das später verstanden lebendig in ihm werde, mit stiller Verehrung aufzunehmen, so stelle ich dem die Behauptung entgegen, daß nichts mehr dem religiösen Leben unserer Zeit geschadet hat, als daß man die religiöse Lebensarbeit als äußerliche Jugendgewohnheit verfrüht hat. Gerade deshalb giebt es in späteren Jahren so viele Gleichgültige, welche meinen im Rechte zu sein, wenn sie die Religionspflege mit den Kinderschuhen ausziehen. An ihren Früchten sollt ihr sie erkennen! — Unser Geschlecht ist unter dem Einfluß confessionellen Religionsunterrichtes groß geworden, wo sind denn nun die guten Früchte dieser confessionellen Gewohnheit? Sind nicht religiöse Gleichgültigkeit und Unglaube in weiten Kreisen verbreitet? Und steckt nicht andererseits hinter dem lauten Geschrei über Religionsverfolgung und Gewissensdruck weit mehr politische Parteisucht oder geistliche Herrschsucht als wahre Religionsempfindung? Die Schuld dieses allerdings unheilvollen Religionszustandes trägt nicht der Unglaube, sondern die fehlerhafte Grundlegung des religiösen Bedürfnisses unserer Seele in der Schule. Der Unglaube ist nicht Grund, sondern Folge.

Gewissenlos lassen wir entweder unsere Kinder aufziehen in einer rein äußerlichen religiösen Gewohnheit mit der Erwartung, das lebendige Verständniß werde dem gewohnheitsmäßig aufgenommenen Glauben folgen oder nicht minder gewissenlos lassen wir die Kinder gewohnheitsmäßig in der Religion aufziehen bei offenkundigem Zwiespalt zwischen Schule und Haus, mit der festen Ueberzeugung, daß bei späterer Ueberlegung schon die rechte Befreiung von dem gewohnheitsmäßig Aufgenommenen eintreten wird. In beiden Fällen stellen wir die Tiefe und die Wahrheit der religiösen Empfindung auf's Spiel. Eine nur äußerlich durch Gewohnheit aufgenommene Religion ist in der jetzigen Sturmzeit religiöser Entwickelung leicht erschüttert, und ein nur mit Kunst verhüllter Zwiespalt zwischen Schule und Haus in der Pflege des Heiligsten zieht Zweifel und Falschheit in der kindlichen Seele groß. In Rücksicht darauf sollte es nicht nur möglich, sondern geradezu allgemein nothwendig erscheinen, dem kindlichen Gemüthe nur die allgemeinste sittlich religiöse Anregung darzubieten, die es vor der Gefahr der gewohnheitsmäßigen Veräußerlichung des Heiligen oder der Unwahrheit gegenüber dem Heiligen bewahrte. Das kann nur geschehen dadurch, daß man in der Kinderlehre an das in jeder nicht durch Vorurtheile geblendeten Menschenseele wohnende Religionsgefühl anknüpft, nur dieses allgemein zu beleben und zu leiten sucht.

Wenn gesagt wird, diese allgemeine religiöse Anregung bleibe inhaltslos, so muß ich gestehen, diesen Einwand niemals recht verstanden zu haben. Wird denn der Glaube an eine göttliche Vorsehung und eine sittliche Weltordnung dadurch inhaltsleer, daß die positiven Offenbarungen über die Art der göttlichen Weltleitung noch etwas Besonderes lehren? Ist nicht oder sollte nicht wenigstens der reine Gottesglaube auch den Hauptinhalt jeder positiven Offenbarungslehre bilden? Ist es denn richtig, wenn der Glaube an Gottes Sohn oder gar an das Wort seines irdischen Stellvertreters, die Fürsprache seiner Mutter und der ganzen Heiligenschaar mehr bedeuten soll als der Glaube an Gott selbst? — Mag immerhin die Offenbarung für einen Jeden, der an sie glaubt, eine Bestätigung der Wahrheit des religiösen Glaubens geben, wie keine Vernunft sie zu geben vermag, mag immerhin die Offenbarungslehre dem natürlichen Religionsglauben noch die beseligendsten Wahrheiten hinzufügen; kein Offenbarungsglaube kann der Grundlage des natürlichen Glaubens entbehren und die Jugenderziehung kann nichts Besseres thun, als diese Grundlage feststellen.

Sagt man, mit diesem in sich allerdings werthvollen, aber doch schwer in fortlaufende besondere Lehrstunden zu vertheilenden Lehrinhalt des allgemeinen Gottesglaubens lasse sich kein andauernder Religionsunterricht ausfüllen, so ist das unbedenklich zuzugeben, aber entfernt nicht als Nachtheil anzusehen. Vielmehr ist es ein wahres Unheil für unser religiöses Leben geworden, daß die Schule die Religion zur Unterrichts- und Wissenssache gemacht hat, die gleich anderen Lehrobjecten gelernt werden muß und im Examen abgefragt werden soll. Je schneller und je gründlicher wir dieses Unheil beseitigen, um so besser wird es um die Religionspflege in der Schule stehen. Nicht die Zahl der Religionsstunden macht es, sondern die Tiefe der Empfindung, in welcher die sittlich religiöse Anregung dem Kinde dargeboten wird. Mit einer recht gehandhabten kurzen Schulandacht am Beginn und am Schlusse jeder Schulwoche könnte man für die Religionspflege in der Schule Besseres leisten, als mit abzufragender Katechismuslehre, abzufragenden Bibelsprüchen und abzufragenden Gesangbuchsversen. Religion ist nicht Wissen, sondern Glauben und gläubiges Leben. So lange die Schule dies verkennt, wird sie durch ihre Lehre der Religion mehr schaden als nützen. Sobald sie aber dies erkennt, kann sie in einer gemeinsamen Schulandacht Viele vereinigen. In höchst beachtenswerther Weise hat dies neuerdings selbst der an sich dem Simultanschulwesen durchaus nicht ergebene „Badisch-evangelische Oberkirchenrath" in einer Bekanntmachung die Diözesansynoden des Jahres 1878 betreffend hervorgehoben. „Wir unterschätzen nicht die Schwierigkeit — heißt es daselbst — für evangelische und katholische, oder für christliche und israelitische Kinder, einen allgemein erbaulichen Ausdruck ihrer Herzensbeziehungen zu Gott zu finden, wir begreifen, daß manche Lehrer, nicht etwa blos aus Unlust am Gebet, sondern auch aus Scheu vor konfessionellen Gewissensbedenken ihrer Schüler und deren Eltern in der Durchführung der oben erwähnten Anordnung (Uebung des Schulgebetes) zurückhielten; auch verkennen wir nicht im Mindesten den Einfluß, welchen die

Confession auf Stimmung und Wortlaut des Gebetes ausübt. Aber daß Protestanten, Katholiken und Juden doch noch mit einander beten, und zwar andächtig, von Herzen, im Segen mit einander beten können, und daß wir evangelisch-protestantische Christen ganz besonders ein solches religiöses Band aller Confessionen anerkennen, festhalten sollen, das möchten wir mit vollem Ernst betonen. Wie manchmal sind bei einer so gemischten Bevölkerung, wie viele Gebiete Deutschlands und namentlich unser engeres Vaterland sie darstellt, die Erwachsenen in der Lage, an religiösen und kirchlichen Handlungen sich zu betheiligen, welche sich nicht auf dem begrenzten Boden der eigenen Confession vollziehen, unsern Kindern ist es nützlich, wenn sie nicht blos lernen, auch ungewohnte fromme Gebräuche zu achten, sondern sich auch brüderlich und schwesterlich vor dem ewigen, barmherzigen Gott und Vater aller seiner Menschenkinder in der Schulgemeinde mit ihren Jugendgenossen beugen. Wir wollen uns in wohlverstandenem Interesse der Religion jeder Sitte und Einrichtung freuen, welche die Befriedigung des religiösen Bedürfnisses nicht nur als eine kirchliche, sondern auch als eine allgemein menschliche Angelegenheit anerkennt."

Ich gestehe frei, daß meine religiöse Stimmung in einer katholischen Kirche so gut geweckt werden kann wie in einer protestantischen und in dieser nicht besser als in einer jüdischen Synagoge. Ueberall tritt mir in andächtiger Verehrung der Glaube an die übersinnliche Welt entgegen und dieser Glaube bleibt mir ehrfurchtsvoll, stimmt mich andächtig, unter allen Symbolen, welche die Verehrung des Heiligen nicht in ein Zerrbild menschlicher Abgötterei verwandeln. Mögen Gegner das immerhin für eine zurückgebliebene Schwachheit ansehen, jedenfalls kann und soll ein Kind naturgemäß über solche allgemeine Religionsstimmung nicht herauskommen. Und wenn der Mensch darin stark gemacht wird in seiner Jugend, behält er eine religiöse Seele für sein ganzes Leben.

Es mag nun leider wahr sein, daß in Deutschland zur Zeit der gesteigerte Religionszwist nicht zuläßt, in der Staats- und Gemeindeschule den allgemeinen Versuch einer solchen religiösen Schulgemeinschaft aufzunehmen und durchzuführen. Dann aber wird schließlich in unserer religiös zwiespältigen Zeit nichts Anderes übrig bleiben, als zeitweise die Herausnahme des Religionsunterrichtes aus der Schule und die Ueberlassung der Fürsorge für denselben an die Eltern und ihre Religionsgemeinden. Gewiß würde damit der Religionszwist in der Schule nicht unbedingt vermieden sein, er könnte sich auch noch in Behandlung des Geschichtsunterrichtes, der Literaturgeschichte und der Naturgeschichte wieder einstellen. Aber sicherlich würde man doch heut zu Tage unter den Gebildeten leichter einen weltlichen Geschichts- und Naturlehrer finden, der über Christus und Luther, über Natur und Schöpfung ohne Anstoß für Juden, Katholiken und Offenbarungsgläubige überhaupt zu reden im Stande wäre, als einen Geistlichen, der dies im Religionsunterrichte zu thun übernehmen möchte. Vollständig beseitigen würde man in der religionslosen Schule die religiöse Schwierigkeit nicht, aber vermindern doch um ein Beträchtliches.

Die Gefahr aber durch diese Ueberlassung der Religionspflege an die Eltern und ihre Religionsgemeinden das ganze Volk unreligiös zu machen, ist ein leeres Schreckbild. Die religionslose Schule hat weder bei dem holländischen, noch beim irländischen, noch beim amerikanischen Volke diese Folge gehabt. Und wir selbst haben in unserer eigenen Mitte die Erfahrung von der Nichtigkeit dieser Gefahr an den Kindern der Juden und Dissidenten gemacht, deren Religionspflege wir lange Zeit gesetzlich gerade so der elterlichen Fürsorge überlassen haben, wie wir es beim durchgeführten confessionslosen Schulsystem mit allen Kindern machen würden.

Viel mehr als Förderung der Religionslosigkeit wäre durch diese Ueberlassung der Religionspflege an die Religionsgemeinden eine zeitweilige Steigerung der Religionsscheidung zu befürchten. Aber diese üble Nachwirkung der Religionsspaltung außerhalb der Schule würde schwerlich ein solches Unheil stiften, wie die Störung des Schulfriedens durch Fortsetzung des Religionszwistes innerhalb der Schule.

Allerdings würde dieser confessionslosen Schule die religiös sittliche Weihe der Erziehung fehlen. Und eben deshalb bin ich überzeugt, würde auch die religionslose Schule gar bald doch wieder dazu getrieben werden, ein Element allgemeiner Schulerbauung von sittlich religiöser Tendenz in sich aufzunehmen oder aus sich heraus zu entwickeln. Im Streite der Parteien hat allemal die mittlere Partei die Zukunft für sich. So wird

denn auch in dem Streite zwischen confessionellem und religions=
losem Schulunterricht die allgemeine Religionspflege den Sieg
davon tragen.

Wer dazu verhelfen will, der kämpfe vor allem gegen die
religiöse Gleichgültigkeit und für religiöse Wahrhaftigkeit. Be=
kämpfen wir Erwachsenen unter uns den Geist des Unglaubens,
der Unwahrheit und der Heuchelei, aber verlegen wir den Kampf
um die religiöse Zukunft nicht in die Schule, sondern wahren
wir, wie wir auch selber denken mögen, unsern Kindern wenig=
stens den Frieden ihrer Seele und das Bewußtsein menschlicher
Gemeinschaft.

Inhalt.

Einleitung. Bedeutung der Schulfrage in unserer Zeit und Nothwendigkeit einer historischen und pädagogischen grundsätzlichen Aufklärung über dieselbe . . . . S. 1—4

I. **Staatsschule oder Kirchenschule?** . . . . . . S. 4—42
Die Ansprüche der Kirchlichen und ihre Berufung auf die Geschichte und die Natur der Sache S. 4 u. 5. — Widerlegung der Ansprüche aus der Geschichte. Schulverhältnisse in der ersten Zeit des Christenthums, Vorschrift der apostolischen Constitutionen und das verschiedene Verhalten der Kirchenväter und Klöster S. 6—8. — Staatliche Förderung der Volksbildung durch Karl d. Gr., König Alfred und Kaiser Otto S. 9 u. 10. — Verfall der Klosterbildung S. 10 u. 11. — Das Volk schlug eigene Wege ein. Die Ritterbildung S. 11. — Die Universitäten entstanden nicht als Stiftungen der Kirche, ihre freie Entwicklung gehemmt durch die Kirche S. 12—14. — Unabhängig und oft im Kampf mit der Kirche entstanden die Bürgerschulen S. 15 u. 16. — Verdienst der Reformatoren S. 17. — Das Theologen-Gezänk innerhalb der Reformation nöthigt zur wachsenden Zunahme des Einflusses von Staat und Gemeinde auf das Schulwesen S. 17 u. 18. — Verdienste des Herzogs Ernst von Gotha und Friedrichs d. Gr., die allgemeine Schulpflicht keine protestantische oder preußische Erfindung, aber von protestantischen Staaten und besonders von Preußen als nothwendig erkannt und durchgeführt S. 19. — Neuere Beispiele von Fügsamkeit der Staatsregierung gegen theologische Engherzigkeit, die Philosophen Wolff und Fichte S. 20. — Die Regulative von 1854 S. 20—23. — Die Pädagogik der Jesuiten S. 23—28. — Ihr Einfluß auf das katholische Schulwesen und das Sinken deutscher Universitäten durch denselben S. 29. — Neuere Mittheilungen über das Collegium Germanicum zu Rom, das Priesterseminar zu Fulda S. 29 u. 30. — Die in diesen Anstalten gelehrte Jesuitenmoral nach Pater Gury S. 31—37. — Die zunehmende Macht des Jesuitismus hat bessere Regungen des Katholicismus auf dem Schulgebiete zurückgedrängt, so die Bemühungen des Abt Felbiger in Schlesien und Oesterreich, des Kaplan Kindermann in Böhmen S. 38. — Auch die Statistik zeigt, wie Wissenschaft und Volksbildung unter geistlicher Herrschaft verkümmern S. 38—40, ähnlich dort, wo der Staat geringen Einfluß auf das Schulwesen hat S. 40. —

Wahre Volksbildung im Verhältniß zu Glück und Sittlichkeit S. 41—42.

II. Ein Blick auf die gesetzliche Regelung des Verhältnisses von Staat, Kirche und Schule verschiedener Länder in neuerer Zeit . . . . . S. 43—84
Ergebniß des vorigen Kapitels S. 43—45. — In Deutschland hat bis jetzt das vom Staate abhängige Schulwesen doch stets die größte Rücksicht auf die confessionellen Unterschiede der Bevölkerung genommen S. 47. — So in Oesterreich seit 1849 S. 47—53; — in Preußen, Schulentwickelung seit dem Landrecht S. 54—68; — in Baden S. 68 u. 69. — Andere Lösungsversuche: — durch Simultanschule und allgemeinen Religionsunterricht in Nassau S. 70 u. 71; durch Herausnahme des Religionsunterrichts aus der Schule in Holland seit 1806 S. 71—76. — Verschiedene Entwickelungen des Verhältnisses in England, Schottland und Irland S. 76—82; — in Nordamerika S. 82; — neuere Wendung zum religionslosen Schulsystem in Belgien und Frankreich S. 83 u. 84.

III. Grundsätzliche Schlußbetrachtungen . . . . S. 84—101
Bei der Lösung der Schwierigkeiten kommt es auf die richtige Beurtheilung der besonderen Verhältnisse an, jedoch durchgreifend klar, daß die Kirche nicht mehr im Stande ist die Sorge für eine einheitliche Volksbildung zu tragen, sondern daß diese Sorge zum Recht und zur Pflicht des Staates gehört S. 84 u. 85. — Auch in Deutschland die bestimmtere Abgrenzung der Competenz durch Gesetz dringend S. 86. — Prinzip der freien Wissenschaft für Universitäten und Polytechnische Anstalten und seine Consequenzen S. 86—91. — Erleichterung für die Gymnasien und Realschulen durch Wegfall des Religionsunterrichts nach der Confirmation S. 92. — Die Bedeutung der Religionsbildung für alle Glieder des Volkes gleich, aber fraglich, ob die Pflege derselben besser in oder außer der Schule zu suchen S. 92. — Relativität der Entscheidung darüber nach den Verhältnissen, der Staat überläßt die Entscheidung am besten der bürgerlichen Gemeinde bei vernünftiger gesetzlicher Regelung des Verhältnisses derselben zu Staat und Kirche S. 93. — Confessionsschulen nur möglich in religiös ungemischten Gemeinden, in religiös gemischten Gemeinden zunächst zu versuchen Simultanschulen mit getrenntem Religionsunterricht S. 95. — Allgemeiner Religionsunterricht und confessioneller Religionsunterricht in ihrer Möglichkeit und pädagogischen Tauglichkeit verglichen in Rücksicht auf die Erfahrung S. 95—99. — Sind alle diese Lösungen zur Zeit unmöglich, so ist die Abscheidung des Religionsunterrichtes aus der Schule nothwendig und für die religiöse Volksbildung jedenfalls besser als der Kampf um die Religion in der Schule und der Kampf des Staates und der Kirche um die Schule S. 100 u. 101.